正确的沟通技巧

杨婷婷·编著

吉林文史出版社

图书在版编目（CIP）数据

正确的沟通技巧 / 杨婷婷编著. —长春：吉林文
史出版社，2017.5
　ISBN 978-7-5472-4187-5

　Ⅰ.①正… Ⅱ.①杨… Ⅲ.①心理交往
Ⅳ.①C912.11

中国版本图书馆CIP数据核字（2017）第110234号

正确的沟通技巧
Zhengque De Goutong Jiqiao

编　　著：杨婷婷
责任编辑：李相梅
责任校对：赵丹瑜
出版发行：吉林文史出版社（长春市人民大街4646号）
印　　刷：永清县晔盛亚胶印有限公司印刷
开　　本：720mm×1000mm　1/16
印　　张：12
字　　数：129千字
标准书号：ISBN 978--7-5472-4187-5
版　　次：2017年10月第1版
印　　次：2017年10月第1次
定　　价：35.80元

目 录
CONTENTS

 ## 坚信沟通的重要性

　　沟通是什么？在汉语中，沟通的含义是人与人之间、人与群体之间思想与感情的传递和反馈的过程，目的是在思想上达成一致和感情的通畅。其实，简单点儿说，沟通就是信息的传递后达成一种共识的过程。

　　那么沟通重要吗？很重要。成功学大师卡耐基说过：一个人的成功，15%是靠他的专业，85%是靠他的人脉，所以我们要经常与那些能帮助我们、有助于我们成功的人保持联系，建立好自己的人脉。考试可以临时抱佛脚，但是对于人生，对于人际关系却行不通。由此我们可以看出，一个人的成功离不开广泛的人脉圈，而一个广泛的人脉圈的建立，是离不开人与人之间的沟通交流的。

　　那么，沟通容易吗？答案是说着容易做着难。为什么呢？卡

耐基大师又说过这样一句话：所谓沟通，就是同步。每个人都有他独特的地方，而与人交际则要求他与别人一致。如此，不难看出沟通的难度。

真正有效的沟通并不容易，但是我们仍会不断地尝试与人沟通，因为沟通如同血液一般，早已渗透到生活之中。若是放弃沟通，我们的生活将会变得一团糟。

记得有个朋友去卫生检测中心办理相关的许可证，可是她来来回回跑了四五趟了，也没有将许可证拿到手。每次跑去卫检中心，不是缺这个手续，就是落那个资料的，导致其耗费了无数时间、精力却仍换不回一张许可证。

就在朋友感到郁结无奈、几近崩溃的时候，我主动提出跟着她一起去卫检中心瞧瞧。一路上，朋友都在埋怨那个办事员，不仅人长得不好看，说话也刻薄，态度极差。她向我举了个例子："我来来回回跑了那么多趟，实在不愿意再多跑了，我就问她还差哪些资料，能不能一次性说清楚。可是呢，你猜那位办事员怎么回答的？她说：'如果你要是觉得委屈，你就不要来找我办嘛。又不是我逼着你来的。你说的欠缺资料，告诉你，我也不清楚，现在网络那么发达，你上网查查看不就都知道了嘛！'你说，她这话是什么意思嘛！"我听了，也没多说，只是笑了笑，劝朋友想开点，不要太计较。

到了卫检中心，刚一进门，朋友就看到坐在排着队伍的桌子前的那个办事员，大概三十多岁，正忙着填单。朋友指了指她，对我说："你帮我去吧，我已经来来回回看到她不知道多少次了，都怕了她了，我可不想再去受她的气。"

我接过她手中的材料，等在队尾。等了许久，终于轮到我了。我在桌前的位置坐下，一看办事员的脸，果然是毫无表情，但我仍冲着她笑着说："您好，我看到这里就你们几个人办公，一定很忙吧！"办事员头也不抬地回答："是呀，每天都很忙，你有什么事情吗？"

"是这样的，我来办点事情，也要来给您添麻烦了。你们也真够辛苦的，本市所有的卫生许可证都要从你们这边出来，而你们的人手又不多，时间被挤得满满的，没有一点休息时间，真的很累呀！"

"可不是嘛。就像你看到的那样，我们的工作量很大，人员又很少，所处理的工作又要求我们很细心，所有提交上来的资料都要经过严格审查，不能有一丁点儿马虎，还好你能理解我们的工作。"办事员在整理资料时抬起头看了我一眼。

我听完，连忙接着附和："是呀，是呀，工作量真的是很大，你们真是不容易！"说着，我把资料交上去。她看了看我提供的资料，说："你提供的资料不齐全，还差一些。不过呢，我可以先受理，至于那部分不齐全的资料，我现在写个清单给你，等你回去后补齐了再发个传真过来就可以了，到时候等证办好了就通知你，你那时带钱来取就行了。"

听了她的话，我连连道谢，并嘱咐她要多注意身体。朋友见我这么快就搞定了，目瞪口呆，直夸我是个聪明人。

其实，办事员并不是针对我这个朋友的，而是朋友不懂得沟

通的技巧，不了解沟通后对方感受到自己被理解、被认同的感激之情，不清楚沟通促使人与人之间的心灵开始交流的秘密。

沟通就如同一种催化剂，在不同的语言刺激下，会发挥出不同的效果，从而给人生带来巨大的变化。

有两个猎人，暂时称他们为甲和乙。一天，他们相约出去打猎，整整一天，两人各猎得两只野兔回了家。甲的妻子看到丈夫拎着两只野兔回来，心中不悦，冷冰冰地对他说："你今天一天的收获只有这两只野兔吗？"

猎人甲听着妻子冷冷的语气，心中燃起一股无名火，愤怒地说："你以为打猎是件很容易的事情吗？你要是觉得容易，以后你去打猎，哼！"

第二天，他依旧打猎一整天，可回来的时候却两手空空。原来，猎人甲故意空着手回来，以此向妻子证明打猎不是想象中那么容易。

猎人乙那天晚上也提着两只野兔回到家，一到家，他的妻子看他带回来了两只野兔，笑容一下子便浮现在脸上，她捂着笑得合不拢的嘴对猎人乙说："老公，你可真了不起，出去一天竟然能猎回来两只野兔，真是太厉害了。"猎人乙听了妻子的夸奖，心中暗喜。"今天失误了，两只算得了什么呀？明天会更多的，我向你保证！"他自豪地对着他的妻子说。第二天晚上，他实现了他的承诺，带回了四只野兔。

显而易见，两种不同的言辞，促成了两个猎人的不同做法和收获的不同结果。

有一个关于钟的故事，更能让人看出语言的魅力、沟通的重要性。

一个新组装好的小钟放在了两个旧钟当中。两个旧钟一分一秒地走着。这时，一个旧钟对小钟说："小钟，你也要开始工作了，就像我一样，一分一秒地走着。可是，我现在有点担心，怕你走完了三千二百万次之后，就会出现问题。"

小钟一听老钟的话，立刻被那惊人的数字吓着了："三千二百万次！这也太多了吧。我是个新钟，怎么吃得消？怎么能承受这么繁重的工作呢？不行，不行！"

这时，另一个旧钟插嘴了："哎，小钟，你可不要听它在胡说八道，不用害怕，每秒只要摆动一下就好了。不需要给自己压力的，这项工作就是那么简单。"

小钟满是疑惑："怎么会有这么简单的事情呢？"于是它听从了这个老钟的话，每秒都轻松地只摆动一下。很快，一年过去了，它不知不觉地摆动了三千二百万次。

沟通，是人生的一门必修课，它贯穿于我们生活中的每时每刻，不可或缺。它让我们的生活变得更加美好，更加轻松，更加幸福。我们要相信沟通能够解决问题，坚信沟通对于生活的重要性，这样我们才不会引发其他无谓的灾难和伤害。

提高沟通的效率

在如今这个万事都要讲效率的时代，沟通也需要讲效率。那么，效率又分为什么呢？很简单，通常来说，效率分为速度和质量，即沟通的速度要快，同时质量要好。说白了，就是在短时间内达成一致的看法。那么，如何才能在原有的基础上提高我们的沟通效率呢？

第一，要做好万全的准备。知己知彼，方能百战不殆，在沟通之前的一些准备是必不可少的。

一是沟通前需要对沟通对象做一番了解，如了解沟通对象的性别、年龄、身份、职业、性格、兴趣等。在这个前提下，若是你找人闲聊，促进感情，那便可以根据他的兴趣和喜好，找一个两人都感兴趣的话题，这自然能使沟通变得更为顺畅。

若是你要在两人之间达成共识，那你便可以根据他的性格和

为人处世的习惯，寻找一种合适的方式和合适的场合，再去谈论你们即将商讨的事情，这也能使沟通变得自然和顺畅。

二是要在沟通前明确沟通的目的。常常有人在说话的时候会突然忘记自己要说的话，继而结结巴巴，最后只能无奈地结束对话。或许在这种时候，有些重要、紧急的事情就会被遗忘，结果酿成了一些失误和灾难。所以，在找到沟通对象进行沟通前，明确沟通的目的是很有必要的。

在沟通前，一一列下所要达成的目的，便能促使沟通更为顺畅。无论是无聊时闲谈，还是有事相求，或是结识一个新朋友，这些对沟通会起到积极的作用。

三是放松心情与人沟通。情绪能够控制一个人的行为，许多人因为情绪激动而做出一些让人后悔的事情。在沟通中，因愤怒、沮丧、失落等心情而中断沟通非常普遍，这就需要我们在沟通前先放松自己，带着平和的心态走上沟通的道路。

第二，选择一种合适的方式进行沟通。一种合适的沟通方式，能极大地缩短沟通的时间，提高沟通的质量，因为合适的沟通方式能带给沟通双方一种极佳的心情和平和的状态。要知道，在好情绪的影响下，决策会显得很简单，也不会显得那么霸道和生硬，让人不舒服。试想一下，如果你喜欢在安静的环境下与人说话、谈事情，但约谈的人却不顾你的喜好，执意将沟通地点定在嘈杂的大街上，你可能坐下来心平气和、理性地与他沟通吗？

再试想一下，如果有人在吃饭的时间请求与你聊一会儿，而你此时上了一天的班，已经饿得饥肠辘辘了，别人却不顾时间，仍旧在办公室中与你沟通，在这种情况下，你还可能集中注意力听他说什么吗？答案当然是否定的。

在这样的场合下，你的心中早已升起一团无名之火，怎么可能全心沟通呢？在不同的场合，面对不同的沟通对象，我们需要找到一种适宜的沟通方式，让沟通双方都保持良好的心情，让"好情绪效应"感染彼此。

第三，学会细心观察。沟通不仅是语言的交流，还是一种情感的交流。这种情感交流不仅仅体现在言语上，更多地表现在肢体上。例如，你开心的时候就会咧开嘴微笑，你生气的时候就会皱起眉头，你无聊的时候就会托起腮帮，你兴奋的时候就会手舞足蹈，这些都是肢体语言给我们传递的真实信息，让人能了解到你的心理状态。

如果你的话题很无聊，让人昏昏欲睡，那么对方就会托起下巴，两眼无神地看着你；如果你的行为让他觉得很不屑，那么对方就会跷起二郎腿，不停地抖动，斜着眼睛看着你；如果沟通的过程很尴尬，那么对方会四处张望、眼神游离，偶尔装出笑容看你一眼。肢体语言最能展示一个人的内心活动，无论你的演技有多高，装得有多像，肢体语言才是心理活动最原始、最真实的表现。因此，在沟通中，常常留意别人的一些小动作，才能更好地了解对方的心思，使沟通效果更加完美。

第四，学会说话。说话是一门我们一辈子都在探索的艺术，它不仅仅是简单地进行日常交流，还是影响人际关系的一个重要因素。

　　有的人说话直，不顾当事人的想法，不考虑当时的场合，只为一时畅快，却不知早已深深伤害了别人的自尊和心灵；有的人藏不住话，刚刚听来的秘密，转眼就会从他的嘴里传出去，他从未想过自己这件事能不能说、适不适合说，结果给别人造成严重伤害后，还狡辩说自己并不知晓其中的利害关系；有的人拿捏不准分寸，喜欢刨根问底，挖出人家的隐私和旧伤疤，并撒上盐，再让人痛上一回。

　　这些都是不懂得如何沟通的人。真正会说话的人，懂得分寸，懂得顾忌场合，懂得在什么样的对象面前用什么样的说话态度，说什么样的话。他们清楚要站在对方的立场考虑事情，懂得要有耐心、有宽容心地去对待别人，明了自己不是中心，不能什么话、什么事、什么决定都随着自己性子来而忽略别人，所以他们能理解对方的心情，能明白对方的感受，能体会对方的情绪变化。因此，想真正学会说话，说恰当的话不容易。只要牢记常站在对方的角度考虑问题，不要忽略对方的感受，有耐心，就可在沟通上有所收获。

　　第五，学会聆听。沟通是相互的，它不仅仅是说话的人阐述自己的想法、观点，还包括倾听者能听懂说话人的话中话、弦外音。

　　聆听不是一件简单的事。在我们孩提的时候，跟着父母出去赴宴，常常会早早地吃完饭，因为我们对父母和叔叔阿姨们的聊天感到无比厌烦，总是埋怨时间过得慢。可见，对于没有加入沟通的聆听者而言，聆听是一种折磨，更是一种痛苦。但是，对于参与到沟通中的聆听者而言，聆听就变得不那么让人讨厌了。当我们在聆听时，并不是要求我们一言不发地干听，而要时不时地回应对方，让对方收到你的反馈，这样你也能参与到沟通之中了。

当遇到自己不理解的地方时，也要及时提出来。对于聆听者而言，提问是对自己所听到的内容和理解的一种验证，是不会被人嘲笑的。

沟通的效率，是可以通过不断练习而渐渐提高的，只要做好以上几点，相信你的沟通能力必定不差，你可能就不再畏惧沟通了。

三省吾身

　　在沟通中，常常不了了之的人，多会抱怨沟通的对象是一个不讲理的人。他们常常会把沟通不成功的原因归咎到沟通对象身上，从未想过自己的原因。但是，很多时候，我们的沟通之所以会失败，很大程度上是因为自己的问题，而这些原因，都会在绝大多数情况下被我们忽略，因为我们很少对自己进行反省。

　　小朱买了辆新车，这一天，他把车开到街上炫耀。当他路过一个商场时，突然萌生了逛商场的想法。于是，他找一个停车位把车停进去。商场人来人往，遍地是车，好不容易找到了一个空位，却被一辆电动车占了一角。这时，恰巧电动车的主人回来了。

　　小朱把头伸出车窗外，对着电动车主人大喊："嘿，开电动车的，赶紧把车开走，我要停车。"不知是商场人来人往太嘈杂

了，还是小朱的声音不够大，只见电动车的主人什么都没做，背对着小朱在弄着什么。

小朱以为他没听见，就连着喊了好多遍，可电动车的主人一点反应也没有。小朱一看就火了，走下车径直来到电动车主人身边，重重地拍了拍他的肩，大叫："你耳朵聋了呀，喊了你半天没听见呀，你把车开走，我要停在这里。"说完，小朱就准备回到车里。

可就在他还没走两步的时候，电动车的主人说话了："喊什么喊，真不好意思，我不走了，这是我先停的，现在我不想走，你到别的地方找位置去吧。"

小朱一听，立刻火冒三丈，转身看着电动车主人，皱着眉说："你这人是不是有病呀，买好东西了还不走，在这晒太阳呀？赶紧给我走，我就是要停进去。"

电动车的主人看着从小朱大嘴里喷涌而出的唾沫，也不示弱，扯着嗓子说："你还有理了呀？你以为你声音大就行呀，告诉你，我就是不走了，谁规定买完东西就一定要走啊？"

小朱一听更加恼火，一把扯起电动车主人的衣领说："你这家伙，真是敬酒不吃吃罚酒呀，最后给你一次机会，赶紧开车走人。"

电动车主人一看小朱的动作，慌了神，四处喊叫："大家快来看呀，有人霸道赶人，现在还要打人，快来看呀，快来看呀。"

就这样，一场争吵引得他们周围围起一层层的人，这也把警察吸引来了。最后，小朱因为妨碍交通被罚了款，尽管交了钱，但他心里仍旧不服。

其实，这样一场闹剧完全可以避免，最大的责任就出在小朱身上。若不是小朱的大嗓门儿加上恶劣的态度，也不会导致最后要进派出所去解决。小朱以自己的感受为中心，不愿意承认是自己的态度过于恶劣才导致了目前的局面，也不愿意相信这场争吵的罪魁祸首是自己，更不想在自己身上找缺陷、找问题，才会在强制性解决问题后仍旧不服气。

多反省，多从自己身上找问题，这并不是对自己的否定，而是对自己的提升。谁都会有缺点，谁都会有令人讨厌的毛病。曾子曰："吾日三省吾身——为人谋而不忠乎？与朋友交而不信乎？传不习乎？"这传达的即是一种自省精神。通过不断反省，改正自身的缺点，才能够更好地与人沟通。

当我们的沟通圆满成功后，我们的反省也能让我们从中总结成功经验，发现成功的秘诀、成功的规律，慢慢地我们就会变成沟通场上的"常胜将军"。同时，我们的反省也能让我们发现自身存在的不足，我们不会骄傲、虚荣，会积极进取。

当我们的沟通失败后，我们的反省能让我们总结失败的经验，发现失败的规律和原因，以便下一次不再犯相同的错误。同时，我们的反省也能让我们在自己沟通的失败中找到积极的力量，重拾信心，重踏"征程"。

我们应学会反省，总结自己的成功经验，也总结自己的失败教训。在成功中不骄傲，在失败中不气馁，这样我们日后的社会

竞争力必然会稳步提升。

有人说，我很忙，没有专门的时间来反省自己。可是，反省并不需要占用太多时间，只需从你的百忙之中抽出一点时间即可，或拼凑时间也可以。就像你去上学，站在公交车站等公交车的时候，你就可以想想自己早上的事，反省一下是否按时起床，是否贪睡了；或者在放学下楼的时候，可以好好反省一下自己对所有事是否尽心了；与同学沟通的过程中自己反省是否乱发脾气了。又如，下了公交车回家的路上，就可以反省一下与死党聊秘密时，是否说了些不该说的话。其实，反省伴随着我们生活的点点滴滴，也正是这点点滴滴，才促成了一个人的成功。

将反省养成一个自己平日生活中的习惯，常常反省自己，你就会发现许多平日里忽视的重要细节。你会发现自己的缺陷和弱点，更会发现自身还有许多闪光点。那时，你就会觉得，原来自己也不比别人差。

有效沟通的对策有很多，沟通方式也是因人而异。在我们每个人的周围，总有一些人能为我们提供更好的沟通方式，正所谓"三人行，必有我师"。关注生活，发现生活，其实就是成功的奥秘。

个人的沟通障碍

很多人觉得自己的沟通能力差，和别人说不上两句话就会僵持在那里，或者对对方的话题没有可以介入的角度，以便参与其中，只能以"嗯""你这样做很好""有这样的说法呀"等方式来敷衍。每个人或多或少都有些沟通障碍，这让沟通过程难以顺畅进行。

那么，我们的沟通障碍都体现在哪些方面呢？

第一，身份不同。人与人之间难免在某些方面有些差别，例如，有些人是企业家，有些人是政治家，有些人只是普通百姓。往近了说，老师和学生的沟通也是不同身份的人之间的沟通，孩子和父母之间的沟通也是如此。

常常会有老师在抱怨：现在的学生都不太愿意找老师交流，无论是学业上的，还是生活上的。即使是老师主动去找他，他也

会扭扭捏捏，不太愿意说，只是敷衍两句，并不交心。

小利就是这样，对于地位比自己高的人，不敢直视，不愿说话。小利毕业后在一家公司做实习生，刚进入公司时，他对公司里的每一个员工都恭恭敬敬，低着头谦虚请教，不说一句玩笑话。渐渐熟识后，他发现公司里的很多员工也和他一样才进入公司没多久，大家都在一样的起跑线上。就这样，他变得随意起来，敢与公司内的同事说说笑话，逗逗乐子了。

一天，部门开会商议一项决策。小利见氛围过于严肃，便讲了个笑话，引得大家哈哈大笑。那时，公司总经理正好路过，听到会议室里的笑声，便毫不犹豫地走进去，询问是什么事情让大家笑得那么开心。大家一见总经理来了，立即收了回去，整个会议室一片死寂。

总经理的问话让谁都不敢吱声。最后，会议主持人紧张地对总经理说，是大家听了个笑话才笑得那么开心。总经理对此很感兴趣，便问是谁讲的笑话，他要求重讲一遍，也让他乐呵乐呵。众人的目光开始集中在小利身上，而小利呢？此时浑身冒汗，双手紧紧攥着衣角，哆哆嗦嗦地抬头看了总经理一眼，又迅速地低下头。

总经理见小利那么害怕，便安慰他放轻松，就像对待朋友一样对待自己就行了。可这话并没有对小利起作用，他还是不住地颤抖着："那个……那个……"他结结巴巴地讲着。最后，居然冒出了一句："我忘了。"这话再次引得大家哈哈大笑。从那以后，小利便成了公司里的"名人"，见了上司连话都说不出来的

"名人"。

为什么会这样呢？那是因为遇到身份比自己高或是在某些领域比自己强的人时，"弱者"内心就会忐忑不安、害怕，以致不敢说话，强者则会摆出傲气、自豪、高人一等的姿态。这样，两者的对话就显得不对等了，沟通起来也比较困难。

第二，擅长的领域不同。在这种情况下发生的事情极为常见。如果哪天身体不舒服去医院检查，医生问了问你的身体情况和不舒服的具体症状，然后对你说："你去做个血常规，拿了单子后看看上面化验出来的WBC、HGB、RBC的量。"你当时可能就傻了，这WBC、HGB、RBC到底都是什么东西呀？

其实，在血常规中，WBC代表的是白细胞计数，HGB代表的是血红细胞浓度，而RBC代表的是血红蛋白含量。这些专业的术语在医生看来就是一个普通词汇，说起来也如同家常便饭一般，而对于普通人来说，这些术语就好似天书一般，很陌生，又不易理解，于是这就会让人在心理上产生一定的负重感和惊慌感。

不仅在医学上，在日常生活中也常常会发生因擅长领域不同，所说的话让人无法理解，从而无法达成共识的情况。

红艳与小华的感情陷入了低潮，不是因为彼此感情淡漠，而是红艳对小华所谈论的话题毫无兴趣，也无法理解，小华亦是如此。小华喜欢足球，是个铁杆足球迷，可红艳对体育活动都不感兴趣，甚至连贝克汉姆也不知道。

红艳喜欢研究化妆品，喜欢谈论妆容，这让小华受不了。

渐渐地，问题出现了。当世界杯开播时，无论多晚，小华都会让红艳陪着他一起观看比赛。"哇，好一个外围传中呀，你看到了吗？看到了吗？那个球踢得真棒，如果前锋能够……"他不停地对着红艳说。红艳很无奈，一边听他说，一边皱着眉看着电视，心里嘀咕着："什么外围传中呀，什么意思呀。我根本不懂。"最后，红艳竟无聊地睡着了。

当红艳拿到一本最新的彩妆书时，会兴致勃勃地跑到小华面前，向他夸耀这种化妆技术的高超，可小华哪知道化妆呀，他只能"嗯嗯"地敷衍了事。久而久之，两人渐渐没有了共同话题，也以分手告终。

在沟通时，对于自己熟悉但别人不熟悉的领域，尽量避免，避免将对方在不知不觉中拒之门外。

第三，过去经验的束缚。有句俗话伴随了我们很多年："不听老人言，吃亏在眼前。"老人们常常会说这样的话，常常会根据自己这么多年以来的经验来证明你的做法是错的。其实，这样有时会产生沟通障碍。

我们不能说这句俗语是错误的，毕竟经过多年的流传，从侧面证明了它有一定的正确性。只是时代变了，再用这句俗语，就需要我们根据客观事实去分辨。经验只能拿来参考，不能一味照搬。

某商场生意惨淡，于是想方设法吸引顾客的注意力，推出了大减价的促销活动，并且安排人员在商场门口举办小型晚会，在晚会上给顾客发放礼品，宣传促销活动。

在商场的不断宣传推广下，促销活动取得了圆满成功，商场获得了很好的销售业绩。好的销售业绩自然引起了许多其他商场的关注，也纷纷效仿起这个商场的做法，在商场外举行晚会，在商场内打折促销，结果却令他们大失所望。

业绩虽也有提升，但不像那家商场一样，获得了高额的收益。他们不明白为什么相同的做法，却得到完全不一样的两种结果。其实答案很简单，每个商场都是独一无二的，都有自己的具体情况，而别人成功的经验在人家商场中适用，但不一定对每一家商场都适用。所以，不要依样画葫芦地将别人的经验完全运用在自己身上。又如，某学校组织教师外出考察，学习省级重点学校好的教学方法，再回到本学校根据自己学生的具体情况，有取舍地运用。

由此看来，在与人沟通时，总是把自己的经验强加在别人身上，就会显得你很"自大"，这很容易会引起对方的不满，于是沟通就变得困难重重了。

沟通的障碍有很多，我们只有找寻自身的障碍点，一个一个地去克服，才能让沟通越来越顺畅，沟通过程中的问题才会越来越少。

火暴脾气误事多

在沟通过程中，还没说上几句话就按捺不住脾气吼叫起来的人很多，也很常见，他们的火暴脾气总是能让相互交流的人不欢而散。所以要控制住自己的情绪，否则事情只会被你搅得越来越糟糕，说不定还会被人蔑视。

王明的朋友从来不愿与王明一同出门吃饭游玩，为什么呢？就是因为王明那易怒的臭脾气，什么事情没说上两句就会跟人大吵起来。

一天，他又在朋友面前和烧烤店的员工吵了起来。那天，王明叫了几个朋友晚上出来吃烧烤，经不住王明三番四次地邀请，大伙都陆陆续续地到了。他们叫了几十串羊肉串，还有小菜、鸡翅、啤酒等。

"来来，大家尽情地吃，尽情地喝，这顿我请。"一声吆

喝，大家高兴地喝起来，"喝！你不喝就是不给我面子呀！"整顿饭就属王明的声音最大。

时间一分一秒地过去了，他们的烧烤宴也接近尾声了。"服务员，结账！"王明的大嗓门儿又开始工作了。"好的好的，来了。"服务员答应着，"50串羊肉串，20串鸡翅，一箱啤酒……总共420元。""等等，等等，420元？你怎么算的呀？我看不需要那么多吧，我们才吃了多少呀。"王明一脸疑惑地望着服务员。

"50串羊肉串，20串鸡翅，还有啤酒什么的，算起来要这么多钱的。"服务员耐心地向王明解释。"你可别蒙我，这里有那么多的烤串吗？可别瞎编，我知道价格！"王明端详着桌上的竹签。"你要是不信就自己数呗。""哼，你以为我不敢呀！"王明不服气地反驳。于是，他就真的拿起桌上的竹签一根一根地数起来。"1，2，3……"

旁边的服务员看到王明的滑稽样儿，忍不住笑出了声。一旁的朋友们也掩面看向四周。"笑什么笑，没见过人数数呀！"王明生气地朝着四周吼叫。"咦，我数到第几根啦？都是你们害的！"说完，他又埋头苦数。"31，32，33……还算你厚道，没骗我。"

当他数完后一抬头，他的朋友都已不见踪影了，只剩下服务员一脸鄙夷地看着他。"哎呀，人呢？怎么都不见了！搞得真是心烦。来吃个夜宵也搞得那么心烦。还有呀，你这是什么眼神呀，再用这样的眼神看我，我就不给你钱了！"说完，王明哼了一声，付了钱离开了烧烤店。

接过钱的服务员看着王明远去的背影，撇了撇嘴，不屑地说："真是个怪人！"打那以后，无论王明再怎么约朋友出游或是吃饭，大家都以各种各样的借口推辞。

王明的做法只会让人觉得可笑、不成熟，任谁是他的朋友都会觉得有失面子。正因为他任意发泄心中的情绪，不考虑当时的处境，不假思索地信口言语，才引得笑话连连。适当地控制自己的情绪很重要，带着平和的语调和人沟通，而不是扯着嗓子将自己心中的所有想法一股脑儿倒出来，才会事半功倍，否则必然适得其反。

前人给了我们很多值得借鉴的经验，他们告诉我们沟通的重要性，也告诉我们沟通时的要点。历史上，有很多成功人士都懂得如何控制情绪，他们不会让暴躁的脾气控制自己，正是因为他们能有效控制情绪，才使得一个个奇迹成为可能。

唐太宗李世民有一个习惯，那就是每次在和魏徵说完话后都要出去散步。魏徵是个谏议大夫，可在唐太宗做得不对的时候当面向他提出意见，而且他是个称职的好谏官。很多时候，他都会在唐太宗做得不对的时候直言不讳地指出他的毛病，丝毫不顾及唐太宗的脸面。

对于唐太宗来说，这是丧失威严的事情，自然心中不舒服。可尽管如此，他还是忍下了这股怒气。为了排解这股闷气，养成了每次魏徵进谏完便出去散步的习惯。

如果唐太宗在魏徵进谏时大发雷霆，驳回他提出的所有谏言，并且下令杀死他，那也是一件易如反掌的事情，可他没有这么做。唐太宗深知这样做会酿成大错，因此在与魏徵的沟通交流中竭力控制自己的情绪，虚心接受他的意见，这才有了后世称赞的一代盛世贞观之治。

不仅唐太宗能够控制住自己的情绪，成就一番事业，在其之后的唯一女皇帝武则天，也是一个善于控制自己情绪的人。

有一次，武则天的宠臣薛怀义因为不按规矩走进了正大门，被守门的卫士打了一巴掌。薛怀义内心感到委屈和愤怒，便向武则天告状说："皇上，那正大门的卫士打我一个耳光！"武则天感到疑惑，便向薛怀义问明原因，薛怀义如实道来，说："那些守门的说因为我走了正大门，所以才打我。"武则天一听，面露难色，她知道大唐的律法规定，只有三品以上的官员才能走正大门，而薛怀义呢，并没有达到三品以上，自然不能走正大门，卫士打他没错。

虽然宠臣被打她也不高兴，但也没发火指责守门的卫士，只是安慰薛怀义，让其以后别走正大门，要走后门。薛怀义见武则天这样说，也就摸摸自己被打肿的脸下去了。显然，如果武则天没有控制住自己的情绪，一发怒，治了卫士的罪，她和宠臣薛怀义的气是消了，后果却不堪设想。

沟通时不能让火暴脾气占据上风，因为那常常会误事，以致让我们判断失误，从而做出错误决策。只有控制住自己的情绪，在沟通时带着平和的心态，才能理智地分析问题、解决问题，让大事化小、小事化了。

 # 对不同的人说不同的话

　　沟通，看起来是件很简单的事，但实际操作起来却不是那么容易。在很多店面如服装店、饰品店，招聘营业员都要求有较强的沟通能力，那是因为工作期间营业员会遇到各种各样的顾客，这些人中，有直接询问商品的，也有闷不吭声只是四处寻看的，所以沟通能力强的营业员总能与各类顾客说上几句话，甚至促成一笔买卖。但是，沟通是双方的事情。我们该如何面对不同的沟通对象，转换不同的方式与他交流，使得沟通变得更加有效，达到自己的目的呢？

　　如果你的沟通对象是一位老人或是一个孩童，他的思想和认知是不及青年人的，那么当你对他说一些专业性名词的时候，他自然听不懂，也不知你在说什么。这时，你就需要简化你的语言，将文绉绉的话语变成大白话，或借用比喻的方法，将复杂的

知识转化成日常生活中常见的容易理解的意思。这样，你们的沟通就会显得既有趣又顺利。

著名科学家爱因斯坦是个善于沟通的人，面对不同文化和身份的人，他总是能恰当地与他们沟通，既不会使气氛尴尬，又能交谈得很愉快。

有一次，爱因斯坦去参加一个晚会。一个老太太看到了他，满面笑容地走近他，对他说："您可是伟大的爱因斯坦先生？"爱因斯坦礼貌地回答："是的，我是爱因斯坦。""哦，伟大的爱因斯坦先生，您真是个了不起的人！我最近又听说你得了诺贝尔奖了？"老太太紧紧握住爱因斯坦的手，颤抖着。

"是的，那只不过是我幸运而已。"爱因斯坦回答。老太太接着又问："爱因斯坦先生，您真是谦虚呀。我听说您那篇获得诺贝尔奖的论文叫作什么……什么……相对论是吧？我想问问什么叫作相对论呀？"

爱因斯坦停顿了片刻，他知道，他现在面对的是一位老太太，如果跟她讲述深奥的科学知识和理论，跟她说量子力学，讲述能量公式$E=MC^2$，老太太肯定不知道，也无法理解这个概念。他不打算用专业知识向老太太解释什么叫作相对论，而决定用一个例子讲述这个关系。

只听爱因斯坦说："亲爱的太太，假设一下这样的场景，晚上，您的女儿很晚还没回家，您在家等待女儿回来，时间慢慢过去，不一会儿就过了午夜12点，可女儿还是没有到家，这时候您着急吗？如果我跟您说让您再等待10分钟，您会觉得这个等待的

10分钟过得久吗？"

"那真是太久了呀，度日如年。"

"那再换个场景，同样是在夜晚，但您是在纽约大都会看歌剧，这个时候我告诉您只能看10分钟的歌剧，那么这个10分钟您觉得过得快吗？"

"哎呀，在歌剧厅里度过的10分钟那可是太快了。"

"是呀，两种情况都是让您过10分钟，但是您的感受是不一样的，一个会觉得过得很慢，一个却觉得过得很快，这就是相对的概念。"

"哦，原来是这样呀，那我明白了。"老太太恍然大悟。就这样，爱因斯坦用浅显易懂的比喻解释了这个复杂的概念，让老太太都能明白这个概念。

如果你沟通的对象是个性格腼腆、内向的人，跟你说话总是低着头、红着脸，"嗯嗯"地赞同着，相信你听着也会觉得无趣，就好像在自言自语，而面前的那个人虽然有些尴尬，但是没有办法，他的性格就这样。

如果你的沟通对象是个很会开玩笑，而且是"快热型"的人，那么，你若是规规矩矩地跟他说事情，就总会让他觉得怪怪的，气氛也不会很和谐。相反，若是与规规矩矩的绅士或淑女沟通，那副不屑一顾、漫不经心的状态，只会引来对方的不满和愤怒。所以，对待不同类型的人需要用不同方式，并说不同类型的话。

有一个典型的"女汉子"类型的女孩，打招呼时总是会单

手搭上别人的肩膀，来句："嘿，好久没见呀！"此时，别人若是害羞地低下头小声地回答"好久不见"，一定会被她笑话，这显得不合适。最好的做法自然是甩开她的手臂，大大咧咧地说："不是在上课的时候见过嘛，你的头撞墙了还是记忆力衰退了呀？"显然，这种沟通不但顺畅，也会让情感叠加。

又好比在生活中出现了一些小麻烦，需要这个"女汉子"帮忙，但又思前想后地琢磨会不会打扰人家或人家会不会不答应帮忙。等来到了"女汉子"身边，支支吾吾地说不完整一句话，最后女汉子发飙了："你在说什么呀，能不能说出一整句话来，一个字一个字地猜真麻烦！"被人一吼，说不定你就会感到更加羞涩，接着小声地说出来。

"女汉子"一听："哎，就这点儿事情你也要说半个小时，真有你的。"最后还引得"女汉子"的不屑和轻视。对于外向、直爽的人，不用跟他们拐弯抹角地说事，直奔主题才是他们最喜欢的方式。

生活中，就在我们身边，会发生很多让人哭笑不得的事情。当然，这里所说的事情也是与沟通有关。具体地说，有很多人或许都不知有沟通这回事。

当某个朋友得病住进医院，我们总会买束花或买些水果去看望病人，再安慰一下，让朋友安心。而某些看望者到了医院，张嘴就是："你怎么得了这种病呀，听说这种病死亡率挺高的呀。"或是："这种小病死不了人的，咱们都不用小题大做，认为很严重，放宽心吧。"

在病人面前，"死亡"可是个忌讳的字眼儿，一而再，再而三地说起"死亡"，只会让病人遭受病痛折磨的心灵更添一份疼痛。当你的身边有特别爱炫耀的人，打个比方，如果说普通人需要讲五句好话就能满足他的虚荣心，那么这个爱炫耀的人就需要讲比普通人多一倍的好话才能满足。因为你也清楚他的品性，跟他交流必须时不时说上几句好听的话才能让整场沟通顺利展开，所以与他沟通时应顺从这个法则。

若是哪天心情不好，又碰上了爱慕虚荣的朋友，你的好话少说了几句或是不说了，那么这个朋友必定会愤怒地责怪你是不会交朋友的人。可见，对什么人说什么话，当真万分重要。

沟通过程中，遇到不同的沟通对象，就需要用不同的说话方式去面对，这是很重要也容易被忽视的沟通技巧。除了老人、孩童、生病的人、性格直爽的人、性格腼腆的人以外，还有许多类型的人，如善变的人、傲慢无礼的人、固执己见的人、自私自利的人、知识渊博的人……他们就生活在我们周围，只是我们可能不够细心，错过了与他们"切磋"。如果哪天能遇到一个沟通高手，与其过招儿后，你或许就会了解到沟通对于一个人成长的重要性了。

站在对方的立场想一想

众所周知，要取得成功，并不容易。不过，这种难不是难以实现的难。若能站在别人的立场看待问题，并满足他人的需求，从生意的角度看，我们便能从中获得"商机"，从而发现促使成功的蛛丝马迹。

沟通亦是如此。在日常生活中，我们总会不自觉地将自己的想法投射到别人身上，一厢情愿地认为自己喜欢的别人肯定也喜欢，自己认同的别人肯定也会认同。然而，当对方与自己的观点不一致的时候，矛盾和争执就会出现。所以，多站在对方的立场替对方想一想，才是减少争执、实现真正沟通的明智之举。

走在马路上或逛商场时，常常会碰到某个熟悉的人，这时你向他点头示意，或是举起手向他挥手，可对方却毫无反应，依旧循着自己的步伐悠闲地走着，并四处观望。遇到这种情况的你，

也许心中就会愤懑：自己热情地跟对方打招呼，可对方呢？不回应也就算了，连看也不看一眼，这是在假装不认识我，还是对我有什么意见故意这么做呢？

越想你可能就越生气，也就越会愤怒地踏着重节奏的步调离开能看到朋友的视野。待到下次见面的时候，你可能对他不冷不热，甚至冷嘲热讽。但是，你却没想过，对方很可能在专注地想什么事情，因而没有注意到你，所以才没有回应。

同样的情况还可能会发生在公交车上。如司机的一个急刹车，有人站不稳就可能一脚踩在你的脚上，但他并没发觉，所以也未向你道歉。那一刻，你肯定火冒三丈，觉得他实在是无理的人，踩到别人的脚也不道歉，还假装若无其事。所以，在整个乘车过程中，你也在等待机会，找寻一个可以复仇——狠狠地踩他一脚的机会。这会儿的你，肯定没站在他的立场想过，人家也许真的是没有注意到自己踩到别人的脚了。

这些误解都因自己的想法而存在，但实际上，这些想法却没有任何根据，就像古代一个很喜欢吃芹菜的人，固执地认为自己喜欢吃芹菜，那么别人也肯定喜欢吃芹菜，所以一到公众场合就十分热情地跟别人推荐芹菜，让别人也天天吃芹菜，最后成了大家茶余饭后的一个笑话。在与人沟通时，我们常常会根据自己的所想、所感来判断对方的反应或心情，以决定自己将要说的话，而忽略了对方内心的真正想法。如此，在沟通中就特别容易发生争吵，产生误解。

曾看到邻居家的儿子在一个阶段总是闷闷不乐的，因为我跟他总在一起玩，关系也比较好，就问他怎么了，为什么一副愁眉苦脸的样子。他似乎找到了倾诉的对象，一股脑儿地将全部事情都跟我说了。

"现在不是到了高考填志愿的时候了嘛，我跟父母的意见不一致，为此都吵了好多次了。"他闷闷不乐地说。

"怎么回事呀？"

"这两天高考分数公布，我考得还不错。在高考前我就是冲着厦门大学去的，可是呢，父母却想让我继续留在广东，这样他们也能时常看到我。"

"那你就跟父母多沟通沟通，让他们知道你的志愿就是厦门大学，我想父母总是会理解的。"

"我都不知道说多少回了，我告诉他们，我喜欢厦门，想去厦门大学，在高三冲刺的时候就是想着能去厦门大学而不断努力的。可他们不听，执意认为去厦门大学并不好，还是留在本省较好，对以后的发展也有好处。"

"这事还有商量余地的，你别着急，慢慢沟通，离填志愿还有些日子，平和地跟你的父母说出自己内心的真实想法。"我安慰道。

这下，不见他高兴，反倒眉头更加皱紧了："除了学校，他们连我的专业也坚持他们的想法。"

"你倾向什么专业？"我问。

"从小到大我都对计算机感兴趣，立志要成为一名出色的软件工程师，开发各式各样的游戏软件。可我的父母呢？他们觉得

这行当简直就是玩物丧志，又赚不到钱，不仅会害了自己，还会害了大批青少年。"

"那么他们想让你报什么专业呢？"

"金融专业，他们要我学商，这样以后可以继承家业。可是我对金融一点儿都没有兴趣，我怎么学呀！"

我看着他痛苦的样子，也不好再劝说什么。

这样的场景在生活中十分常见，父母总是将自己的意愿强加于孩子身上，让孩子帮着自己实现年轻时没有实现的理想和愿望，却不管孩子是否喜欢，是否真心愿意接受这种安排。

父母在孩子身上倾注了很大的希望和信心，若是孩子稍有反抗，或是表现出不愿意，就会引起父母的强烈不满和指责。其实，这种不快产生的原因，就在于父母和孩子都没有站在对方的角度替对方考虑，一味地将自己的主观感受摆在第一位，这才引起父母与孩子之间的冲突。事实上，若是大家都能理解彼此，相互退让一步，不仅相互间的交流会变得和谐，家庭生活也会更加美满。

多设身处地为别人想想，想想对方是如何看待这件事情的，那么你就会理解对方的做法，这也会使你与他人之间多一点谅解，多一丝宽容。

在我们的日常生活中，谁都有被"冒犯"或被"误解"的时候，如果发生这种情况，便对此事或此人耿耿于怀，那么心中就会生出一个解不开的"疙瘩"；但是换个角度，如果我们能站在对方的立场想想，深入体察对方的内心世界，或许能立即化解这个小疙瘩。

美国著名记者威廉·比尔就是个孤儿，小时候以卖报为生。一天，他在卖报的时候，一个胖男人走来抢了比尔手中的两份报纸，不仅不付钱，还戏弄了他。等他戏弄完了后，便搭上电车扬长而去了。

比尔很伤心，就在这时，一辆马车在他身边停了下来。车上一位女士冲着搭乘电车的胖男人骂道："真是个没有人性的家伙！"骂完，俯下身子对比尔说："孩子，别怕，我都看见了，你在这等我一会儿，我马上就回来。"

比尔看着女士的马车远去的背影，他认出了这个亲切地对他说话的就是电影海报上出现的大明星梅·欧文小姐。没过多久，马车从前方的一个路口转回来了。女士招呼比尔上车，并让车夫讲述离开期间发生的事情。

"我驾驶着马车追赶前面的电车，赶上后一把揪住那个家伙的衣领。"车夫咬牙切齿地说，"然后左一拳右一拳地将他的眼睛揍成了熊猫眼，随后又在他的太阳穴处补上了一拳。你瞧，连你的报钱也追回来了。"说完，他把一枚硬币放在比尔的手中。

"孩子，你听我说，"梅·欧文女士对比尔说，"不要因为碰到了这样的坏人就理所当然地认为所有的人都是坏人。要相信世界上有坏人，但大多数都是好人，比如说你、我，我们都是好人，难道不是吗？"比尔点了点头。

很多年以后，比尔长大了，当他回忆起那次经历的时候，他说："我知道梅·欧文小姐欺骗了我，因为她是不可能追上电

车的，但是她善意的谎言和车夫的虚构故事是安慰我弱小心灵的良药。正是因为有了这些，我才没有沉沦，并且有了现在的成绩。"

没错，正是因为梅·欧文小姐和车夫能设身处地为小孩子着想，照顾了他的自尊心，才能让他不沉沦在坏事当中无法自拔，他们在为人着想的同时也教会他怎么替别人着想。

沟通时多替别人想想，站在对方的立场，考虑对方的心情，这将会让沟通变得更加顺利且有意义。

 # 想想他是谁

　　找别人说说话、聊聊天的时候，你有没有在意过这个说话聊天的对象是谁呢？有人肯定不屑地回答："这个还需要在意吗？不知道说话对象是谁，那你还去跟他说什么呢？"没错，所以沟通的第一个大前提，就是要明确你与之沟通说话的对象到底是谁！

　　有一则笑话是这样的：有一位先生，他养了一只狗，狗的名字叫杰尼弗。这只狗聪明灵巧，先生很喜欢它，每天都会在某个时间带杰尼弗到公园溜达。但是杰尼弗生性爱玩，每次到了公园就会四处嗅嗅，围着大树绕个圈，而后钻入草丛中来回奔跑。

　　一到这个时候，先生总是要一边使劲拽着绳子，不让杰尼弗挣脱，一边冲着它大喊："杰尼弗，杰尼弗，你给我停下，给我慢点走！你听见没有，给我慢点走！"随后，他把杰尼弗引到一

条长椅旁，坐下，拉起杰尼弗的耳朵，大喊："你怎么这么不听话，都跟你说了多少回了，每次出门溜达还是死性不改。每次跟你说的你都听进去了吗？你到底有没有听懂我说的话呀，你回答我，有没有听懂？回答我，快回答我！"

此刻，只见被扯着耳朵的杰尼弗还是不改玩乐的表情，晃着脑袋四处张望。先生看到杰尼弗的表现，一下子怒火冲天，又是一阵狂叫："你有没有在听我说话，真是气死我了，把我的话当耳边风！你到底听懂没有？难道听不懂人话吗？是不是听不懂人话？说呀！"可不管先生如何喊叫，杰尼弗还是一脸无所谓的表情。先生气急了："回去我再慢慢收拾你，让你长点儿记性！"

看完这则笑话，我们都会捧腹大笑。多么愚蠢的先生呀，狗狗怎么能听得懂人说的话呢？这就好像人也听不懂狗狗之间的交流一样。或许，先生用"汪汪汪汪"反而能引起狗狗的注意，而后狗也会对他吠叫一声。你看，明确沟通对象是多么重要的一个环节。先生若是稍用心思，明了他是在跟他的爱犬讲话，也就不会在大庭广众之下如此没形象，显得那么可笑了。

如果这位先生能够意识到，他那时生气的原因是他的爱犬不听他的话四处游逛，钻草丛，绕大树，没有按照他制订的路线溜达，那实在是太荒谬了。狗狗毕竟是狗狗，它听不懂人类所说的话，能考虑到这点，先生自然不会在人来人往的公园里怒气冲天，大声喊叫，引得行人驻足观看，好似要猴一般。他完全可以用行动告诉狗狗，这样做它的主人很生气，所以不要这样做。

当狗狗想要钻入草丛时，就拽它回来，并且大声告诉它：

"不要去钻草丛，往前走。"之后径直带着它往前走，不回头。狗狗想要绕大树时，也使劲拽回来，大声告诉它："不准绕大树。"依旧径直带着它走，不要回头。这样几次过后，狗狗就能明白，去钻草丛、绕大树，都是不被允许的。那么以后再逛公园，它就不会去做令主人反感的事情了。

明了沟通的对象后，当面对不同的对象时，我们便可以使用不同的语言、不同的方式、不同的态度与之交流。知己知彼，才能达到交流沟通的最大作用。

马力达是一家外贸公司的职员，他的工作是负责与客户洽谈公司合作项目。不要看这项工作只是动动嘴皮子，在马力达看来，这动嘴皮子的事情暗藏了无数深奥的学问。他的全部职业生涯都耗在了对这项学问的研究学习上。因此，他在公司里有了个绰号叫"谈大师"，并且有着这样的传言：任何客户，只要谈大师出马，必定能将其手到擒来——搞定！那么，这位谈大师是如何与客户洽谈的呢？

这一天，公司的经理安排一个任务给他，让他作为公司代表，与另一家大公司总经理进行商谈，拿下合作项目。谈大师信心满满地接下这个重任。当拿到客户的资料后，谈大师不急着与客户约见，反而不慌不忙地一字一句认真阅读，这让他对客户的公司及其个人情况有个大致了解。

除此之外，他还四处打听，了解到那家大公司的总经理为人和善，做事沉稳，不急躁，是个讲道理、明事理的人，而且对茶文化情有独钟。对于茶文化，谈大师不太懂，于是他特地

花费了一番工夫，查阅了有关饮茶的文化，学习了一些基本的茶文化知识。

一切准备就绪后，谈大师特地在环境幽雅的茶楼约见了这位总经理，并安排了茶文化表演，同时带了极品碧螺春邀请那位总经理品尝。

看到如此优雅的环境以及喜爱的茶饮，这位总经理的心里顿时像灌了蜜似的。谈大师见状也淡然，并没有急着立马表明立场，而是一边观看着茶文化表演，一边不紧不慢地聊起了茶文化，聊这难能可贵的碧螺春。

等到表演结束，茶饮也快结束的时候，谈大师才将此次会面的目的向总经理道出，同时列举了一系列项目合作的好处。最终，这位总经理欣然接受了谈大师所提出的合作项目。就这样，谈大师顺利地签下两家公司的合作合同，继续谱写着属于自己的"传奇"。

谈大师很聪明，在与客户沟通前，他并没有贸然拿着合同去约见客户，反而充分了解了客户的个人信息、性格、喜好等，继而在约见当天投其所好，首先取得对方的好感和信任，最终促成了成功沟通的良好开端。

俗话说，好的开始是成功的一半。沟通前了解沟通对象，便可以有效地促使成功的诞生。

不要小瞧这样小小的一步、小小的观察和了解。或许一场沟通的成功，便是因为沟通前对此人性情了解和耐心准备的结果。因此，当你与他人沟通交流前，记着第一步，就是去观察那位交谈者，想想他是谁，他拥有怎样的身份，是个什么性格的人，为人处世如何。如此，才能为接下来选择合适的方式、合适的场所与他交流沟通提供良好的基础，才能为交流沟通的成功提高概率。

问问自己要跟他说什么

如果问你，为什么要与其他人沟通？你也许会说，当然是有事情找他或者是我们之间产生了一些问题需要解决，才去找他交流。没错，从这个回答上，我们可以清楚地看到，人们进行沟通与交流，是带着一定的目的进行的。因此，在找他人沟通前，我们需要问问自己，到底是带着怎样的目的，想要达成怎样的结果，自己想要跟他说什么呢？不要轻视这一个环节，如果连你都是"丈二和尚摸不着头脑"的话，那么对方又能如何与你进行沟通，得到你所希望的结果呢？

有这样一个学生，经常火急火燎地做事。一天，班主任让他带句话给数学老师，通知数学老师原定于后天下午1点的会议改到了明天下午1点钟，并且让数学老师转告语文老师，他的会议假条已经批下来了，会议可以不用去了。学生立刻答应，就急

匆匆地跑到教室去找数学老师，转达班主任的话。刚到教室，还没来得及喘上一口气，学生便急急忙忙对老师说："老师，班主任要我向你转达一句话。这个，什么明天下午1点半的会议什么的，什么不用去了的。"这孩子又是抓头又是挠耳，说不清到底班主任要转达的是什么消息。

数学老师听得也是晕晕乎乎的，会议？1点半？他突然想起了后天下午的一场会议，便问他："是不是后天下午的会议不用去了呢？""哎呀，我忘了。咦，对，对，对，没错，是会议，是不用去了。"学生一听，感觉跟之前听到的有些相似，便顺理成章地这样认为。但是，他心里总觉得班主任说的似乎是两件事，可是有一件事却怎么也想不起来了。就这样，一场错误的转达便产生了：数学老师误了第二天的重要会议，语文老师无奈，撇下事情依旧参加了会议。

因为一句话没有表述清楚，导致数学老师会议没去成，语文老师不用去的却白跑一趟。这件事本来可以避免，却因为在交流前没有组织好语言，没有理清说话的思路，导致这样的结果。

如若从班主任处接收到班主任的话后，即刻理清思路，默默在心中重复一遍，或是在纸上记录大致意思，那么在转述的时候便不会发生含糊其词的情况；如若急急忙忙跑到办公室找到数学老师时能缓一缓气，梳理一下自己的思路，平稳一下自己的心跳，那么相信这个学生也不会结结巴巴、难以叙述了。

人总是这样，往往都特别倚仗自己的临场发挥能力，对此还总是毫不犹豫地相信——等到交谈的时候，那数以万计想表达的词汇会不由自主地从嘴里蹦出来，不带一丝的含糊。可往往现实与理想的差距总是那么大，经常会出现正在交谈的时刻，突然词穷，或者出现词不达意的尴尬境地，继而造成另外一种曲解。

古时候有一个富翁，他决定举办一场隆重的生日喜宴，宴请所有好友。就这样，他热热闹闹地置办着宴席所需的请帖，并且给朋友发出去。很快，富翁的生日到了。

那一天，富翁的宅府挂满了红绸带，府内里里外外摆满了酒席。时间就这样慢慢过去，宾客们也零零散散地来到了富翁家中。等到太阳下了山，月亮高挂空中时，宴请的宾客还未来齐。富翁等得焦急，门口、屋内来来回回走了不知多少趟。他内心焦急万分呀，眼瞅着摆了这么多桌宴席，如今才坐满一半，那要是传出去多丢面子呀。

就在这时，已经入座的宾客望着他不安的步伐，关怀地问了一句："喂，兄弟，你在不安什么呀？等什么呢？"富翁正愁眉不展，不由自主地说了一句话："哎，还不是该来的没来嘛！"虽然说的声音很小，但问的宾客却都听见了，他们顿时觉得心里不是滋味："原来我们是不该来的呀。"于是立马站起身来，拂袖而去。

"不是不是，不要误会呀，我不是说你们！"可宾客们还是走了一大半。剩下的宾客也指责他说话不经大脑思考。这时，失落、沮丧的富翁听着宾客的指责又说了一句令人生气的话："哎，是我的错呀，怎么让不该走的都走了呢？"这回，剩下的宾客不乐意了："怎么了，我们留下来的还是属于该走

的那部分了？行，那我们也走。"宾客愤愤地说着话，也立马起身离开了。

"哎呀呀，怎么都走了呢？"最后，只剩下富翁一人在空荡荡的宅府内吃着"苦涩"的佳肴。

这个富翁若是到了现代，用一个词来形容，那就是"嘴笨"。任由谁听了他说的那些话，心中都难免不是滋味。可是仔细想想，富翁想说的可不是这个意思。当他看到还有一半的客人没来时，心里不知道多失望，想说的肯定是："剩下的客人怎么还没来呢？"而当一大部分已入座的宾客愤愤不平地离开他家的时候，他是多么懊恼呀，想说的肯定是："你们是最尊贵的客人，怎么会是不该来的呢！"当他又胡言乱语地气跑剩下的客人时，想必在他的心中说出来的话应该是这样的："走掉的客人是不该走掉的，但是留下来的客人更是不应该走掉的呀！"可是，在他心中的这些话，从口里钻出来后可全都变味儿了。词不达意，造成了严重的误解，气跑了全部的贵客，这难道还不是"嘴笨"的表现吗？

在你要说出一句话的时候，先要在心中默默地组织好语言，传达出正确的含义，这会让你避免无数不必要的麻烦。记着哦，在与他人交流之前，问问自己要对他说些什么，在心中理清自己的思绪，找到适合的语言，以便传达出你最为真实的想法。

放松你的心情

在跟他人沟通的时候，心情很重要。举个例子，找某个人商量一件事情，如果带着烦躁的心情找到他，不耐烦地对他说："嘿，朋友，之前跟你说的那件事情，就按照我说的那样做！"而且说完就走。此时，你认为人家会按照你的建议做吗？也许他本打算迁就你，按照你的想法做，但听到你这样的语气，心中应该尽是不悦，或许会故意跟你对着干。因此，与人交谈，需要放松心情。

我们不能保证在与他人沟通交流的过程中，不同的心情会决定不同的结果，但是沟通时的心情确实能够影响沟通过程，最终影响沟通结果。

张丽这次的测试成绩又是垫底，老师让她请教班中的尖子生陈红。张丽拿着试卷，一脸沮丧地望着卷面上大大的红色数字，垂头丧气，麻木地点点头。她回到座位上，心里不是滋味，为什么自己耗费了这么多的时间和精力，可每次测试就只有这么点儿分数呢？她望了望陈红，琢磨着，为什么她每次测试成绩总能那么好呢？尽管心里充满了沮丧和疑惑，她还是听从了老师的建议，坐在陈红边上向她学习。

"陈红，老师让我向你学习，试卷上的错题，你帮我解答一下吧。"张丽难过地将试卷往陈红课桌上一扔，然后趴在自己的桌子上，望着天上的云朵。"你问我题，自己怎么不过来呢？让我对空讲解？"陈红疑惑地看着对着天空发呆的张丽。

这时张丽不耐烦了："你只管讲你的题，我趴着都能听得到，听得懂！"陈红一听，不高兴了，但还是想帮助张丽提高成绩。她忍着张丽的冷言冷语，一一讲解着试卷上的每一道题。而张丽依旧头都没回一下，只顾看着窗外。

"张丽，我说的你听懂了吗？"

"你真烦，当然听懂了！"张丽不服气地回答。陈红被张丽激怒了："你明明看都没看题，你怎么就听懂了？你这是在向我请教吗？"张丽抬起头，冷冷地哼了一声："难不成你就懂了？谁知道你每次考试为什么都能名列前茅，平时也没见你多认真呀！不会是作弊的吧！"

"你……你……你！你说什么呀！你！"陈红气得发抖。"我在说你的成绩是作弊得来的，作弊精！"

"你……你……我不教你了，拿着你的试卷回去。以后不要来问我问题。"

"你以为我愿意找你啊！"张丽起身拿回试卷塞入抽屉，转身离开教室。陈红听了张丽的话，哇哇大哭起来。

不一会儿，张丽被老师叫到了办公室。在老师的调解下，张丽承认了错误，知道自己的态度不对，把考试考坏的糟糕情绪发泄在陈红身上，还恶语相向。她向陈红道歉，但其后她再找陈红要求辅导时，陈红都婉言拒绝了。坏情绪让两人的友谊出现了裂痕。

相信我们谁都能理解张丽考试不如意后的难过和沮丧，能理解此时对其他取得优异成绩的同学的羡慕或者些许嫉妒。但是，当张丽请求陈红帮忙辅导时，把这种愤懑的心情带入对话中，那么必然会受到心情的影响，使得说话的言辞和语气发生很大的改变，变成由原来的谦虚请教，向理所当然甚至污蔑转变。

反言之，张丽若是摆脱苦闷的心情，带着轻松愉悦，那么这场交谈和辅导便会变得温馨，甚至令人感动。

心情影响情绪，情绪影响行为，行为自然而然能够影响一场沟通的结果。多少纠纷是因为心情不好导致情绪不好，再由情绪不好导致行为不受控制，继而做出不理智的行为。好的心情，能够化解许多不必要的麻烦，带来更多乐趣。

人总是不能了解积极的心态会给自己带来多大影响。积极的心态所能带来的是巨大的正能量，无数的例子告诉我们，保持好的心情，放松压抑的心情，在和别人交流沟通时，能让事情变得简单而轻松，让结果变得令双方都满意。当你和他人交谈的时候，记得放松你的心情，让愉悦心情传达正能量，以解决一切矛盾和不快。

模拟沟通的过程

沟通交流的过程中难免会发生突发情况，而在沟通前预测一些突发情况的发生，模拟整个沟通的过程，会使沟通变得更加顺畅。

辩论好似一场小型的沟通会，双方各执一个观点，使出浑身解数论述自己观点的合理性，反驳对方观点的不合理性，从而取得辩论的成功。当然，这种论证和反驳可不是临场发挥出来的，而是需要在比赛前对整个观点有自己深刻的理解和论据的充分收集，还需要站在对方的立场，模拟几次赛场上的真实情景。

我身边有一个辩论能手，他带领整个团队在校园的辩论赛上叱咤风云。一次，我央求他带我看看他们准备比赛的全过程，这样我也算是经历了一场辩论赛，明白了赛前的模拟对赛场上的实力发挥有着举足轻重的作用。

　　当他们刚刚拿到辩题的时候，他们并不马上利用互联网、图书馆等所有能够查阅出支持论点的论据的工具，而是在黑板上大大地写上了辩题。正当我不解的时候，这个辩论能手向我解释："辩论就好比说话，说话前需要思考说话的内容，而辩论也是如此，在辩论前需要对辩题有深刻的理解。"

　　就这样，黑板上大大的辩题不一会儿便被分割成好几块——他们来了个整体大剖析。论题中的每个字、每个词以至整个论题的含义，他们都会进行充分的解释。当一切准备就绪之后，再通过这些关键词在网络中搜索需要的信息。这样一来，自己观点的论据便能轻而易举地找到了。

　　果然，不一会儿，关于这个论点的所有论据便在黑板上一一列举出来。当我认为一切准备妥当，一场辩论赛就可以开赛了的时候，这位辩论能手又向我扫盲了："辩论，是用来辩述和讨论的，所以很自然的论题也是具有歧义的，无论是正言之还是反言之，都是成立的，所以对立方自然也有能够支持其成立的论据。而辩论的主要目的不是用于分辨哪种观点是正确的，哪种观点是错误的，而在于哪一方辩述得更加有理，所以单单准备自己论点的论据是不够的，还需要对对立方的论据有深刻的了解，找出反驳点加以反驳。"

　　听了他的话，我顿时恍然大悟，深深地了解到，这才是辩论的深刻意义呀。就好似在与人沟通上，无论是哪一方，都有在理的一方面，只是一味地阐述自己观点的正确性，是不能让对方赞同自己的。找出对方的破绽，一步步引导对方赞同自己的观点，才能使沟通结果达成一致。

过了几天，这位辩论能手通知我，让我观看一场内部赛，见识一下小型辩论赛，我开心又期待地接受了。到了那天晚上，当我来到教室的时候，他们已经自行分成两队，四人一队，各坐两边，道具、裁判等早已就位。

"哇！"我不禁感叹，好像是到了真正的辩论赛场。辩论能手说："这是赛前的模拟。尽管几天的准备对自己的论点和对方的论点反驳都有了一系列的总结，但只是随手抄录和记忆，并没有理顺和实战过。这次的模拟赛正好让我们能够将自己的论述和反驳有一定的应用，以此找出不足之处，同时给自己加油打气！"

就这样，他们模拟了整个赛程，虽然过程有些断断续续，但是发现了不少之前没有发现的问题。在几天后的比赛上，他们胸有成竹地走到赛场上，面对对方抛来的反问，都能应对自如，并赢得了阵阵掌声。

这次观摩，让我也体会良多。沟通好似辩论一般，虽然不是针锋相对，但也需要用自己的论据让对方赞同我们。一场模拟并不是在浪费时间和精力，反而能对沟通过程中可能出现的各种情况有大致的了解，并且有了事先的准备和处理方法。这样一来，内心也不会因为毫无预警而变得慌张，当遇到争执时，也不会因事发突然而演变成争吵或者形成僵局。

张红与王芳是一对好朋友，一次逛街，张红看见一件漂亮的连衣裙，但是价格比较昂贵，她带的钱不够，就偷偷地盯着标

牌。王芳看到张红的难处，便主动替张红付了剩余的200元钱。张红感激地对王芳说，等回了家拿了生活费，就立刻还给她。王芳笑笑说："没关系，谁让我们是好朋友呢，什么时候还都可以。"就这样，两人提着衣服高高兴兴地回了学校。

虽然王芳嘴上说着什么时间还都没事，但是这钱毕竟不少，而且是从她生活费中挪用下来的，她自然想早点收到还款。但是时间一天天过去了，等到张红放假回了趟家后回来，也没有把钱还给王芳。当王芳偶尔有意无意提起还钱的事情时，张红也总是会借机转移话题。显而易见，这种现实会让还钱的事情拖得更久。

一转眼，学期快结束了，王芳很苦恼，她不知道该怎么和张红提还钱的事情，怕会伤了两人的友谊。但是不提，钱就要不回来了。最终，王芳鼓足勇气打算跟张红好好地谈一谈。

考虑到怕让两人的友谊受损，又怕说的话会刺痛张红直爽要强的性格，王芳对每一句要说的话都进行了一番斟酌，并对着镜子模拟了整个沟通过程。"万一她说忘了自己向我借过钱怎么办？""万一她这个时候不高兴了，讽刺我怎么办？""万一她就一直保持沉默怎么办？"就这样，从谈话前的开场白一直到谈话结束，王芳想着可能会出现的一切情况。

当她找到张红，认真地说起这件事时，张红惊愕地看着王芳，"这么点儿钱你还记着呀，我都忘了呢！"王芳事先模拟过这种场景，于是不慌不忙地回答。最后，在两人的沟通下，张红还了欠款，但两人的感情还是和原来一样。

　　沟通不是一场考验临场发挥能力的比赛，它考验的是我们的耐心、细心，还有我们说话的技巧。它需要我们认真地去对待，做好充分的准备。在沟通前模拟整个沟通的过程，这不但不是在做无用功，反而能让我们在沟通过程中把握大局，让沟通达到自己预想的效果。

闪闪你的眼睛

　　不少人可能会片面地认为，沟通就是说话，只要会说话，说得好，那么与人沟通自然也就很顺畅。殊不知，这是一种错误的思想。

　　美国学者米迪皮认为，即使是最保守的看法，在某一交往过程中，通过语言传递的社会信息只有35%，而剩余的65%的信息都是通过非语言手段传递的。这些非语言手段就是身体语言，包括面部表情、眼神、肢体动作等。在沟通中，肢体语言这种会说话的语言，在沟通过程中的每一时刻都会传达出自己情绪的一点一滴。

　　都说眼睛是心灵的窗户，通过这扇窗户，我们可以看到一个人的品性以及当时的心情。孟子曰："存乎人者，莫良于眸子。眸子不能掩其恶。胸中正，则眸子瞭焉；胸中不正，则眸子眊焉。听其言也，观其眸子，人焉廋哉？"这话大致的意思就是，观察一个人，再没有比观察这个人的眼睛更好的了。眼睛是不能掩盖一个人的丑恶的，内心正大光明的人，他的眼睛就明亮，而内心黑暗的人，他的眼睛就会显得昏暗不明。在与一个人说话的时候，注意观察他的眼睛，那么他的善恶真伪都能通过眼睛一览无余。

眼睛确实能传递很多种情感，不同心情下的眼神是不一样的。比如当你和某人在聊天时，发现对方眼神游离不定，不再关注你，那么你就该停止自己的高谈阔论了，因为对方的眼神已经告诉你，他对接下去的沟通已经失去兴趣，想要结束了；相反，若你发现对方的眼睛始终注视着你，那么你就可以继续，因为对方的眼神表达出对你所讲事情的兴趣。

一个人的眼神，是可以传递出内心真实情感的，远比话语更神奇。

有一个小偷经过一个小区，看到一辆布满灰尘的私家车时，眼珠一转，便打起了这车的主意。"看这车的样子，应该已经停在小区车位上好多天了，这样一来，这车主一时半会儿也不会来取车，这正是个偷车的好机会呀。"小偷心里暗自高兴，终于等到了这么个好机会。于是，他四处看了看。小区内来来往往的人不多，有也只是几个大爷大妈买完菜回来。他哈了口气，擦了擦，从车窗往里使劲儿地看："哎呀，有个钱包，哈哈！"看到车内钱包的小偷更加开心了。他小心翼翼地从口袋里拿出工具，时不时地向四处瞟，看看有没有什么人注意自己。

不好！来人了。小偷连忙把头转过来，假装在开车门。就在小偷正奋力破车锁的时候，远处有一个行人走来。这个行人远远地看到了小偷在车旁摆弄着，但以为是车主在开车门，也没在意。可当他来到小偷身旁的时候，发现这个"车主"还在门旁摆弄着，也没开车门，因此感到很奇怪。

他看了小偷一眼，发现这个人的眼神有些不正常，谨慎地四处游移，慌慌张张，还不敢直视人，这让他更加疑惑了，于是想问问原因。行人向小偷走近，可还没来到小偷身边，小偷四处瞥望的眼睛就发现了行人，他二话不说，撒腿就跑。这下，行人知道这是小偷在偷车，立刻向前追赶，并高喊"抓小偷"！就这样，在众人的帮助下，这个小偷被抓住了。显然，正是小偷游离不定的眼神出卖了他，显示出他内心的恐慌，才让人发觉他的行为可疑。

眼神的力量是很强大的，它在沟通中能准确地将人们的内心情感表达出来，即便再怎么掩饰都无济于事。

王月的面试很成功。事后，他向面试官询问录取理由时，面试官给出了这样的答复："我在你的眼神中看到了自信和勇气。"原来，在王月整个面试过程中，他总是专注地注视着面试官的眼睛，而不是看着地面或自己的鞋子。无论在回答问题还是在思考问题的时候，也都丝毫不让自己的眼神游离。这种长时间的注视，让面试官从中感受到了王月心中强烈的自信心，他们也相信，具有这种强烈自信的员工，自然能圆满完成公司交给他的所有任务，而这种勇气也能让这个员工无畏挑战。所以，他成功

地被录取了。

　　还有一点值得一提，即细心地观察对方的眼神，也会让我们避免一些不愉快的事情发生。

　　那天，晓璇在寝室里整理东西，因为要赶着将衣服收拾出来寄出去，所以她一刻也没敢耽误。这时，室友小泉走了进来。"唉，晓璇，你也在宿舍呢！"小泉坐在椅子上，一边打开电脑，一边说。

　　"嗯。"晓璇没有停下手上的活儿，回应着。

　　"对了，我听说下午有班级篮球赛呢，怎么样，反正咱们俩闲在宿舍也没什么事情干，就去看看呗。"小泉转过身，看向晓璇。

　　"我要整理衣柜呢，可能去不了。"晓璇面露难色地拒绝了小泉的好意。

　　"哎，整理衣柜什么时候都可以，篮球赛只有这一次呀，错过了就看不到了。"小泉盯着晓璇忙碌的背影，眼神中带着些乞求。

　　"可是……"晓璇放下手上的衣服，转过身，皱着眉看着小泉。她看到了小泉眼里的请求，但自己确实要赶紧收拾衣服呀，要不然就耽误寄出去的时间了。

　　小泉看到晓璇眼中透露出的为难，也明白了晓璇肯定有不得不做的事情，就不再强求，转而说道："没事，没事，明年还会有的，咱们明年去看吧。"

　　晓璇听后眼神发亮，笑了笑说："你帮我一起整理呗，整理完了一起去看篮球赛。"

"那好呀。"

于是，两人开始一起动手整理衣柜，整理完衣服后恰好赶上了篮球赛。

显而易见，眼神中传递出的情感让她们都明白对方的想法。在沟通时，为对方着想，这既不会伤害彼此的友谊，又能够同时满足两人的要求，当真实现了"双赢"。若是她们没看到彼此的眼神，执着于自己的想法，或许寝室内的一场冷战就会在这段对话结束后爆发了。

眼神传递出来的种种情感，能让人在第一时间便感觉到对方的心情，能够让人在沟通中体会到隐含的深意，读懂对方潜藏着的心里设想。因此，在沟通中多用眼神交流，能让我们在沟通过程中给他人以好印象，使沟通更加顺畅。

 ## 现现你的表情

我们常常可以观察到，即使你与一个人沟通时一句话也不说，也可以通过别的方式表达自己的情绪和态度，比如利用自己的面部表情。当你微笑的时候，就能代表你现在很开心；当你皱着眉头的时候，就能表明现在的你有些烦恼；当你嘟着嘴的时候，就能代表现在的你有些生气。所以，我们往往都能从面部表情看出一个人的心理状态。

人的表情可以有很多种，比如我们常常说的喜、怒、哀、乐，除此之外，还有吃惊、诧异、惊恐、鄙视等。我们在与人沟通的时候，不可能做到面无表情，即使面对那些善于伪装自己的人，我们也能在沟通时通过观察他们脸上细微的表情变化，来探究这个人内心的真实想法。

在外求学的孩子，只有到了节假日才能回家一趟。每次回

家几乎总会念叨一句："妈，最近吃得香、睡得好吗？"如果这时候妈妈满脸笑容又乐呵呵地告诉我们："吃得可好了，前两天你爸买了很多水果，可甜了。晚上睡觉真的是雷打不动呀。"显然，看到母亲的表情，我们就知道她说的是实话，没有骗我们。

如果这时候妈妈双眼闪烁，抿了抿嘴，继续看着电视，勉强笑笑对我们说："哦……吃得好，睡得也香，别担心。"那我们就能判断出来，妈妈说的极可能是善意的谎言，因为她的表情已经出卖了她。

人体中没有哪个部位比脸更有意思，能表现出更多的情感。脸部的种种表情具有一致性，即无论生活在世界哪个角落的人，表达相同情感的表情几乎都是一样的。

著名心理学家保尔·埃克曼做了一个有趣的实验。1966年，他把一些白人的照片拿到一个还处于石器时代的部落中，那个部落的人与世隔绝，从未见过白人。但有趣的是，这些部落中的人都能准确无误地说出照片上这些白人的表情。由此可见，表情是一种能与世界联系的语言。

生活中的点点滴滴都能证明这一点。当你阅读杂志的时候，总能看到许多人物照片或是在活动中拍摄的一些照片，若你仔细看看这些照片，就会发现，无论你是否能区分这些人在做什么，可他们的表情无须费力就能一一辨认。如果试着遮住他们的其他部分，如眼睛或嘴巴，或许你都能辨别出他们当时到底在做何种表情。这就是表情的一致性。

某一天，高磊他们班的所有人都被班主任留了下来，为什么呢？原来，高磊在下课的时候，突然发现自己的钱不见了，他很着急，哭着找到班主任哽咽地说他丢了200元钱，是在教室里不见的。班主任一边安慰他，一边让班长通知大家放学后留几分钟。

"同学们，高磊同学的钱不见了，有谁在之前看到过？"班主任没要求搜书包或者搜书桌，只是平和地问了问班内所有的同学。一听到老师的话，大家都回头看了看坐在座位上低着头哭泣的高磊，顿时炸开了锅。

"没有，我今天没有看到过。"

"丢了多少钱呀？"

"我今天一天都没靠近过高磊的座位呢！"

"是不是自己放哪儿忘记了，所以以为丢了呢？"

大家几番猜测，但谁都没说出一条有利的线索。就在这嘈杂的讨论声中，细心的班主任从学生们的脸部表情中发现了几个"可疑"的对象。

大部分学生脸上挂着惊讶的神情以及猜测的神态，唯独有两个人显得与众不同。一个是班里最调皮的学生陈飞。平日里，他大大咧咧，性格直爽，没事也爱捉弄人，哪里安静，他定会在哪里吼叫两句。而这时的他却一反常态，皱着眉头若有所思地看着自己的手。换为平时，他大喇叭似的嗓门儿早就让这事传遍整个教室了。

还有一个是班中内向腼腆的学生王月。平日话不多的他，此时瞪着大大的眼睛看着高磊，又转头看看班主任，发现有人在注

视他时，马上惊慌得低头不语。班主任心里有了谱儿，便解散了这次召集会，嘱咐大家回家路上小心。

第二天，班主任很早来到教室，等待着学生们的到来。首先到达教室的是王月，他背着书包静静地走在走廊里。在教室门口撞见班主任时，他不觉一惊，随即又恢复了平静，放下书包后，来到了班主任身边："老师，昨天我没说话，其实我知道谁拿走了高磊的钱。"

于是，王月将自己看到的一五一十地向老师道出。原来，在高磊离开座位之后，他看到陈飞不停地在高磊的位置附近来回走动，还时不时地往他的抽屉里面瞄，好像在找什么。但是由于后来王月被老师叫出了教室，使得他没看到陈飞接下来的行为。

"昨天，我一直在纠结是否要告诉你，但是又怕当着这么多同学的面说出来，让陈飞没了自尊，再说了，我不能确定一定是陈飞做的。"王月低着头懊恼地解释。班主任摸了摸王月的头，和蔼地对他说："你做得很好，能够为同学着想。"这会儿，班主任只有等着陈飞的到来。

没过多久，陈飞来到教室。他依旧紧锁着眉头，若有所思地缓缓走到自己的座位上，放下书包趴在桌上。"陈飞。"班主任喊着他的名字。陈飞惊慌地抬起头，看到了班主任的眼神，他顿时明白了。

"陈飞，你知道昨天高磊的钱是怎么丢的吗？"

"这个……这个……"陈飞低着头，紧绷着脸，双手玩弄着衣角，结结巴巴。班主任看到他脸上的表情，明白了此时陈飞的内心想法。班主任安慰陈飞："孩子，无论做了什么，只要勇于认错，那就是一个好孩子。老师也知道陈飞一直都是个好孩子。"说完，班主任给了陈飞一个坚定又慈爱的眼神。

后来，高磊的钱又重新出现在他的书桌里，同时旁边多了一条道歉卡片，上面写着："对不起，钱归还了，原谅我的一念之差。"

高磊要感谢班主任的观察入微，他能从学生们的面部表情中读出真正掩藏在他们内心深处的想法，最终使得"物归原主"，又没有伤了谁的自尊，实在难得。

由此我们也能看出，在沟通的过程中，最能表现人们情绪的就是面部表情。无论在沟通过程中对方掩饰得如何精妙，我们都能从他们的面部表情中寻得蛛丝马迹。所以，多观察沟通对象的表情，就可做到时刻了解他的内心动态，这样一来，沟通的主动权或许就掌握在自己手中了。

# 动动你的手脚

肢体语言是一种神奇又有趣的语言。聋哑朋友们用手语进行沟通、交流，而手语就是由不同的肢体语言构成的；你会发现在你与任何一个人交流的时候，无论两人间的对话是否流畅，总会有个人时不时地用手比划几下；你会不自觉地在与朋友打电话的时候，在对方看不见的情况下依旧使用一些肢体语言。所以，肢体语言的使用在我们的生活中无时无刻存在着。在所有的肢体语言中，最多的肢体动作当属手脚动作。

我们时常会在感到困惑的时候用手挠挠头，或在思考的时候用手抵着下巴，或在焦急的时候双手不断摩擦着，还有在哭泣的时候用双手捂住自己的脸庞……显然，这都是双手的动作。

在动画片中，我们总能看到一个动画角色趴在桌子上，一只手托着脑袋，另一只手在不停地敲打着，一只脚也随着手的动作

而抖动。这时他的表情是一副无聊、不耐烦的样子。这样的场景也时常发生在我们的现实生活中。

　　一场讲座已经进行了两个小时，可主讲人还在喋喋不休地唠叨着，丝毫没有结束的意思。这时，早已坐得不耐烦的听众必然会有一些人一手托着腮帮子，另一手不停地叩着椅背，而且抖动着一只脚。这场景如果放到沟通场合中，当你在高谈阔论的时候，你的听众却是不停地叩桌子，相信你一定能从他的肢体语言中读到一种不耐烦的气息，然后简单且快速地阐述完毕。

　　手脚的动作，是在暗示我们在不同沟通阶段下对方的情绪转变，细细观察，你将会读懂面前的这个人。

　　一次，我在乘坐地铁的时候，遇到一个人。他恰巧坐在我的身边，但奇怪的是，他总是不断地用脚打着节拍。我感到很奇怪，朝他多看了两眼，一边观察他的举动，一边在推测他想做什么。

　　观察了一段时间后，我有了自己的猜测。他肯定是在等地铁到达某个站点，一旦到达，就立即冲出去，最好能第一个冲出地铁，第一个坐上扶梯，第一个打到的士。可是，现在地铁站还没到，他很焦虑，腿抖得更加厉害了。

　　为了证明我的猜想是正确的，我故意问他："嘿，你是不是有急事呀？"他愣了一下，疑惑地转过头看着我问："你怎么知道呀？"我笑眯眯地说："瞧，是你的脚出卖了你，是它告诉我你现在心里所想的事情。"接着，我们便聊了起来。

　　就在我们聊得火热的时候，广播里响起了一个声音："各位乘客，×××到了，要在本站下车的乘客，请带好您的随身物品准备下车，×××到了。"地铁门一打开，他没有打一声招呼便夺门而出，准备动作就好似跑步前的预备动作一般。你瞧，通过观察对方的肢体动作，你就好似拥有了读心术，能大致读出对方在某一时刻的所思所想。

好朋友让你替他去办事，因为那个时间，他要去排练元旦晚会节目。你无所谓地耸了耸肩，答应了。这耸肩的动作中，就透露出了你的无奈，尽管不情愿，可好朋友的请求不好意思拒绝，只能自认倒霉，加之那时你恰好有空儿，所以就可以帮忙了。不得不说，微动作中，隐藏着大奥秘。

随着电视剧《读心神探》的播出，掀起了一股微表情、微动作读心潮，大家都感叹微表情、微动作的神奇，能让人从中大致分析出当事人的内心动态，继而在案件侦破上事半功倍。

例如，当一个犯罪嫌疑人被警方怀疑并且被抓起来后，在审问的过程中，每问及一些问题，嫌犯总是会用手摸摸鼻子，或双腿不停地抖动，眼睛四处扫视，来掩饰自己内心的不安，可这些肢体动却毫无掩饰的作用，恰好会暴露真相。

这股微表情、微动作读心潮，渐渐地流行于我们的日常生活中。从日常朋友的聊天，到工作面试等，都可以运用这种微表情读心术。这种现实，也说明大家都想从微动作中探查出对方与自己所说、所做是不是他内心真正所想的。

越来越多的公司在面试时，不单单以面试者的回答为评定是否录取的标准，还专门在面试时设置压力题型，通过压力题型的

提问，观察面试者的面部表情和肢体动作，以此作为评定依据。最后，再综合几方面的表现进行评分，以决定是否录用。

那么，在面试过程中，微动作将起到多大的作用呢？大学生心理咨询专业委员会的《中国大学生面试压力调查》研究发现，将近95%的面试官在面试时着重考察应聘者的心理素质和抗压能力，与此同时，将近82%的面试者在面试时会出现表情僵硬、挠头、搂衣角等显示压力的微动作，让面试官在面试过程中对应聘者产生不良印象，以至于应聘者面试失败。

陈伟就是万千败于微动作众人中的一员。当他接到自己心仪已久的公司的约见面试电话时，他高兴得睡不着觉，一连好几天都在准备面试的资料，模拟了好多次面试可能会提出的问题和会发生的意外情况。

"如果被问及对公司的了解时，我就可以这样说……如果被问及自己的能力时，我就可那样说……"陈伟在心中想着，他相信自己拥有的实力，也相信自己是公司所需的人才。

那天，他早早地来到了面试地点，信心满满地进入了面试房间。面试官和蔼地让他坐下，告诉他只要回答所提的问题就好。陈伟努力地咧开嘴笑笑。

模拟的场景就是比不上真实的场景，尽管模拟了好多遍，到了现实中，陈伟依旧紧张，心怦怦直跳。不过，一切似乎进展得很好，陈伟将手放在自己的大腿上，却不自觉地时不时搓搓。偶尔在交流中遇到阻碍，他也会不自觉地挠挠头、抿抿嘴。

面试结束了，陈伟被告知等待公司的通知。他很高兴，因为在他看来，他的回答和表现都很不错，他有信心被录取。但是，几天后，他却等来了公司"抱歉"的电话。陈伟想不明白自己哪个地方表现得不好，让公司不愿意录取。他特地找到了面试官，向面试官询问原因，面试官回答："陈伟，对于专业技术，你表现得很好。但是，正常面试过程中，我通过你时不时搓手、挠头的动作，看出了你的焦虑和不安，当问及你如何看待高强度的工作时，你抿嘴的动作让我知道你心中的不知所措。鉴于这些，虽然你的专业技术符合我们的要求，但是抗压的能力远远不及我们的岗位标准。"

显而易见，肢体动作总能在人们无意识的时候暴露出一些内心真实的想法。在沟通过程中，若能细心地捕捉到身体发出的细微信息，就能更好地察觉到对方内心的真实状态。

摆摆你的身姿

谈起沟通，很多人都会认为，沟通就是说话，一个说一个听。其实远没有这么简单，除了语言，更多的还有眼神、面部表情、身体姿态等。古希腊著名哲学家苏格拉底曾经说过："高贵与尊严、自卑与好强、精明与机敏、傲慢与粗鲁，都能从静止或者运动的面部表情和身体姿势上反映出来。"所以，在沟通过程中，身体姿态的表现有着不可替代的作用。

在上课的时候，我们会坐得笔直，以表示我们在全神贯注地听老师讲课；在与人交谈的时候，尤其是听到一些自己感兴趣的话题时，身体会不自觉地向对方靠近，以表示对这个话题感兴趣；看不惯一个人，对他不屑一顾的时候，我们可能会稍抬起下巴，从上俯视他，以表示自己的不满；在家里闲得无聊的时候，我们多会慵懒地躺在沙发上，以示这种闲散和疲倦。如此看来，

身体姿态在沟通过程中真是无处不在。

在军训的时候，我们的教官有个很奇怪的嗜好，就是要求每次跟他打报告的时候，要马步式站立并且双手放在背后。对此，我们很奇怪，询问教官缘由。他不说，反倒以一句"教官的命令最大，谁都不能反抗"搪塞回来。我们也只好作罢。因此，在后来的军训时间里，无论是在训练场上还是下了训练场回宿舍的途中，每次打报告，我们都双手放在背后，以马步式站立。

渐渐地这成了我们连的一个特色。可我们却不乐意，在众目睽睽之下，多让人不好意思呀。一次，一个领头人以实际行动反抗了教官的"霸权"。他在向教官报告的时候，刻意不去做那个姿势，而只是向教官庄重地敬了个礼。在他看来，敬礼才是军人本该做的。

可是，他的做法却没得到表扬，反倒受了惩罚——在操场上跑10圈，理由是：不守纪律。这个同学不服气，直言叫板："教官，你看看其他连的士兵，都是行军礼的，哪一个会像我们那样傻乎乎地双手背后马步式站立呀，真是又难看又丢脸。"

见他那么有勇气，站在身后的我们也跟着埋怨。教官见他直接顶撞，先是一惊，然后缓缓地回答："你知道让你们做的双手背后马步式站立所表达出来的含义吗？"大家摇摇头，谁都没有想到这么一个姿势还有深层的含义。

见大家都不发言了，教官一本正经地说："这个姿势代表的是'我准备好了''我很乐意'的含义，它传达出的信息就是一种时刻准备着的状态。刚来学校见到你们，发现你们总是以一个慵懒随意的姿态出现在我面前，所以为了能够让你们改变这种状态，我让你们见到我时或在打报告的时候用这个姿势。这不仅能够让你们保持一种良好的状态，还能够时刻准备着完成我布置的任务，以最饱满的精神状态去迎接每一天。"

听完教官的话，大家都低下头来，沉默不语。这时我们才知道教官的良苦用心，才发觉自己以前的状态是多么消极。那一刻，大家集体出列，以双手背后马步式站立在教官面前，郑重地向教官道歉，请求教官原谅我们的无知和幼稚。

在沟通过程中，只有合理利用自己的身体语言，才能让自己表达出最清楚的意思，以促使沟通的顺畅。若是运用不好身体姿势，自然会适得其反，造成一些意想不到的"灾难"。

不要小看自己的一些习惯性的小动作，很多时候，这些小动作能让人看出你的品行和道德。在不同的人面前，在不同的场合，要有不同的合适的身体姿态，以此表达你对这次沟通的重视。

若公司领导找你谈话，想聊聊你最近的业绩和表现，并且考虑你的升职或是加薪，若此时你以一副慵懒、无所谓的姿态去面对，那么结果可想而知，升职加薪的机会就会从你身边溜走，而你呢？也可能会因此被训斥一番，或是干脆丢了工作。

身体姿态是展现一个人精神面貌的重要表现，只有让自己处在一个适宜的身体姿势中，才会表达出恰当的精神面貌，以此来应对沟通中遇到的种种情况。

千万不要忽视身体姿态的重要作用，时不时地去关注一下，相信你会发现更多意外的惊喜。

 # 与长辈的对话

与人沟通，必定会有不同的对象，面对对象的不同，我们要选择的沟通方式和沟通态度、言语等都会不一样。但是，作为中学生的我们，在家里接触最多的就是我们的父母，还有叔叔阿姨等亲戚长辈们，面对他们，我们该如何去沟通呢？

首先，我们要对长辈尊敬。在家中，无论是父母还是爷爷奶奶等其他长辈，我们都要以尊敬的态度去与他们相处。而不能再如孩提那般，想吃什么零食，张口就对爷爷说："爷爷，我想吃泡泡糖，你去给我买。"如果爷爷不买，就倒地大哭，直到对方妥协。

长大了的我们，应学会与长辈们见面时热情地问好打招呼，力所能及的事自己动手，时常帮助长辈做些家务，减轻他们的压力，从而做个懂事的晚辈。

其次，我们要虚心听取长辈的建议。在与长辈的交流中，他

们总能以他们的人生阅历向我们提出建议和看法，让我们在做决定时能采取更加客观的态度。因此，在与长辈商量事情的时候，不要执拗地将自己的想法强加于他们，不要对他们的建议一口否决。否则，不但会对彼此的亲情造成影响，还会使对事情的判断产生偏差。

王鹏很庆幸自己当初能够听取父母的意见，摆脱了传销组织的诱骗。那时候，王鹏在当地某家培训机构学习英语，在学习过程中，与老师陈飞结识，而且两人关系不错。在王鹏结束学习后，两人虽然不再见面，可还是密切地保持联络。

过了几个月，陈飞从原来的培训机构离开，去另外一个城市教学。他让王鹏以后一定要来这个城市，到时候他定会当导游，带着王鹏四处游玩，并且包吃包住。王鹏一听这话，也没多想，就一口答应了。

时间一天天过去了，当王鹏将这事全抛在脑后的时候，陈飞的电话打来了。在电话里，陈飞邀请王鹏来游玩，并且说公司还有夏令营活动，可以在玩的同时能有所学，一举两得。最重要的是，一切行程，不收取任何费用。除此之外，陈飞还再三强调让王鹏一定来，两人好好聚聚。

王鹏一听，这么好的事情实在太难得，于是满心欢喜地答应了。临走前，他向父母说了这事，可父母疑惑了。以他们的经验，这世界上可没有白吃的午餐，陈飞和王鹏非亲非故，又算不上是铁交情，怎么会如此煞费苦心安排王鹏旅游呢？还不收取费用。

　　父母对此很不放心，他们将自己的经验、想法告诉王鹏。王鹏听后，觉得父母说得有道理，虽然心里舍不得放弃这次免费旅游的机会，还是听从了父母的话。随后他给陈飞打了电话，推辞了这次游玩。陈飞听后，生气地大骂王鹏不讲信用，说好的事还变卦，尽管王鹏觉得很愧疚，但还是没去赴约。

　　接下来的几天，陈飞接连打了好几个电话，一边表示自己很生气，同时表露出遗憾，一边依旧在动之以情、晓之以理地劝说王鹏能来。王鹏被几次电话扰得心神不宁，而且愧疚感让他又想答应陈飞的请求。不过，这种情况更加让他的父母起疑，他们坚决不让王鹏去。

　　几天无果的电话邀请后，陈飞也放弃了。两人间的联系也逐渐变少了。事情过了一年，一次偶然的机会，王鹏在电视上看到了陈飞，电视里的陈飞因为传销被逮捕。这时王鹏非常庆幸当初听从了父母的劝言，避开了传销的陷阱。

　　俗话说得好，年长的人走过的桥比年轻人走过的路都多，他们的人生阅历自然比我们多。在与长辈的沟通交流中，不要一味地说"不"，而要多听听他们的意见，想想他们的看法。因为他们总是爱我们的。

　　最后，不要轻易发泄你的愤怒。我们在与长辈交流时，时常是询问长辈的意见和看法，或是希望他们对于自己某个决定表示赞同。但很多人都有逆反心理，长辈随着年龄的增长，阅历的丰富，变得沉着又稳重；而年轻的我们富有朝气，有着独特的想法和胆识，喜爱挑战新鲜、刺激的事物，这样自然而然就会发生冲突。

　　当和长辈沟通时，我们常常会按捺不住心中对长辈意见的不认可，会轻而易举地将这种情绪通过怒吼、敲桌子、摔东西等过激行为表现出来。于是，非但这次沟通没有完成，以愤怒收场，对于下次的沟通也造成了一定的障碍。比如，在是否去上补习班的问题上，父母和孩子的观点很难一致。

　　父母执意要求孩子去上补习班，以便能在业余时间补上课堂上落下的课程，但孩子厌烦补习班枯燥的学习节奏，认为一味地将补习班强加于身非但不能使学习成绩提高，反而会让自己对薄弱课程更加厌恶。

　　当父母和孩子交流时，父母的坚持和孩子的倔强反抗擦出火花。孩子一怒之下摔门而去，而父母也气得大骂。这样一来，他们之间的沟通协商非但没起到任何效果，反而令人担忧，以致让这场争执出现僵持状态。

　　这需要我们在与长辈沟通时克制自己的情绪，不要轻易发泄自己的不满，多说一句"对的，您说得有道理"，似乎比什么都有效。当然，若是不同意，也应该委婉地道出自己的想法。沟通时，多站在长辈的立场，想想他们的良苦用心，随后在他们的意见下寻找一个平衡点，这既能使自己不会苦恼，又能让长辈满意。

　　事实上，与长辈的沟通并不难，他们是我们最亲的人，他们的任何举动都是从我们的角度出发的。跟他们沟通，我们可以带着我们的青春朝气，带着调皮可爱的招牌式动作，带着不正式的开场白，随心所欲。但是，我们也需要怀着尊敬的心，克制自己的情绪，让自己与他们进行一场愉悦而顺畅的沟通。

 # 与同学的对话

在我们的学习生活中，几乎一整天的时间都是与同学们一起相处度过的。由此，跟他们便会发生各种各样的沟通和交流。那么，与同学的沟通又该注意哪些方面呢？

第一，不要对同学的话敷衍了事。在校园生活中，最可贵的便是几年相处所收获的友情。这笔难得的财富将会陪伴我们度过未来的每一分每一秒，或许还会让我们的人生发生巨大的改变。因此，我们要好好珍惜自己的同学，善待这份友谊。当与同学对话的时候，不要敷衍了事，心不在焉，漠不关心。如果你处于不在意的状态，就有可能会让你失去这个同学，失去这份友谊。

李一是个开朗又喜欢逗人笑的人，是同学中的开心果，他时常到处搜罗好玩的、好笑的故事与身边的同学分享，每次只要他

找谁讲笑话，总是能引起一阵阵狂笑。

　　这天，李一又发现了一个有趣的故事，他急匆匆地跑回教室，还没来得及喘口气，就冲着同学王鱼讲述起来："小鱼，我……我给你讲个笑话，听完后你想笑就大声笑，没人拦着你哈！"这时的王鱼正在写作业，没理他。但是李一没发现，依旧兴致勃勃地讲述起来："从前，有一个国王……"

　　笑话一讲完，李一就忍不住"哈哈哈"大笑起来，等他从笑得上气不接下气的状态中恢复过来后，他问王鱼这笑话怎么样，好笑不？王鱼无奈地转向他，"呵呵呵"傻笑了几声，随后又接着写作业。

　　"这是什么意思？难道不好笑吗？那我换一个。"李一看王鱼并不想笑，于是开始找他认为最好笑的故事讲给王鱼听，但王鱼听完后仍毫无反应。李一不甘心，一连讲了好几个。可王鱼依旧面无表情，李一摇了摇王鱼，问道："难道都不好笑？"

　　这时，只见王鱼不耐烦地撇开李一的手，说："哈哈哈，好笑好笑，你快找别人讲笑话去吧。"李一一愣，脸上有些难过，默默地走开了。几天后，李一又来找王鱼讲笑话，上次的事情他一直没忘，虽然还是有些难过，但是他最想做的就是讲个笑话让王鱼认同他的笑话。于是，他精心准备了好多个特别好笑的笑话，打算让王鱼好好乐乐。

　　在李一讲笑话的时候，王鱼正在看他新买的漫画书，对李一的笑话更是一个字都没听进去。当李一讲完，正等待着王鱼的笑声时，却发现王鱼正对着漫画书咧着嘴。这回李一伤心极了，默默地走开，从此以后再也不找王鱼讲笑话了。当王鱼某天觉得无聊的时候，冲着李一喊要个笑话听听时，李一对王鱼的回答就两个字："没空！"

由此可见，当你与同学沟通交流时，想要让对方全神贯注地倾听，就需要你对他的话不敷衍、认真倾听。

第二，说错话就要马上道歉。同学间的交流，难免会因为自己无意中的一时口快而说出刺中对方弱处、刺痛人心的话。当你说错话的时候，应立刻道歉，消除误会。

王欣是个腼腆的女孩，不高的个子，瘦弱的身板，长长的头发，白皙的皮肤，长得很漂亮，但是就有一个缺陷，即两颗"大龅牙"显得既突兀，又毁了美丽的脸庞。

两颗大龅牙，是王欣最不愿听到的别人对她的评价。一天上课，老师讲到一节有关特征的课程，要求同学们以特征为主要内容造一句话。大家开始议论纷纷，窃窃私语，到处你看看我、我看看你地找"特征"。

"李红有一头乌黑亮丽的头发。""王梅有一对可爱的迷人酒窝。"就在大家畅所欲言的时候，不知道谁在背后大声地喊出了这么一句："王欣有一对异于常人的大龅牙！"尽管起哄声很大，但这句话还是传进了每个人的耳中，在教室中回荡了许久。

那一刻，王欣低下了头，将头埋进双手中，低声啜泣起来。这节课下课了，可是王欣还在哭，周围的同学都在劝说安慰，但仍止不住她喷涌的泪水。一直到放学，她还是没有将头从双手中抬起过，直到全班同学都走完了，她才收拾收拾书包，红着眼睛

回家了。

第二天，王欣没有来上学，原因是生病了。第三天，仍请病假。一直到一个星期以后，她才重新回到校园、回到课堂。

原来，一个星期前的那节课上，喊出刺痛王欣内心的话的是个调皮男生。原本，他只是想借此娱乐娱乐，没想到却带给王欣如此大的伤害。王欣没来上学的那几天，男生内心不安地在课堂上望着那个空位置。最后，他跑到王欣家，向王欣道歉，为课堂上那句伤人的话语道歉。王欣在男生诚恳的道歉中原谅了他，并且回到课堂。

由此我们可以看出，不要认为所有的玩笑都不会伤害到同学，也许表面看不出来，但在内心深处，或许会留下小小的伤痕。

第三，对话时要以诚相待，尊重对方。在同学间的相处过程中，最需要的就是诚实和尊重。缺少了最起码的诚实、信任与尊重，如何能让对方诚恳地与你沟通交流呢？

俗话说，有什么样的付出就会有什么样的回报，如果想得到同学在沟通时礼貌、尊重且诚实地对待自己，就需要你在对话中采取同样的态度，不要妄想尊重从天而降。

第四，不要把交流、沟通当作文采大赛。有的同学常常会把彼此间的交流、沟通当作知识、文采竞赛，想从别人说的话中找出漏洞，或者是针对某个观点争论不休，或者是刻意纠正对方话语中的错误来显示自己的知识渊博、聪明才智、伶牙俐齿。他们习惯把沟通当作文采大赛，是表现自己才能的时刻。这样一来，

常常会在别人心中留下爱出风头、虚伪等不好的印象。

　　与同学沟通时，应该用心交流，以诚相待，认真聆听，即使说错话也不要担心，要敢于承认自己的错误。如此一来，友谊会在彼此的呵护下长久保持下去！

与老师的对话

　　曾听过有人就师生间交流主动性问题做了一项调查，调查内容大致是这样的：调查者向不同年级的学生分发了相同的问卷，根据问卷中的选项比例进行总结。问卷中的问题是："当你遇到麻烦，受到欺负时，你会先后告诉哪些人？A.老师；B.家长；C.同学；D.其他。"

　　经过对不同年级学生的问卷调查后发现，小学生在遇到麻烦时第一时间会去告诉老师，其次是家长，最后是同学。但中学生的调查结果与小学生又有些不同。对中学生而言，在遇到麻烦时，他们首先会选择告诉同学，其次告诉的是家长，最后告诉的才是老师。最后调查的高中生，与前两者的调查结果又有很大不同。在他们当中，绝大部分人遇到麻烦时会选择将自己的烦恼告诉朋友，少部分人会告诉家长，但几乎没人愿意将自己的麻烦告

诉老师。

在整理这些数据时还发现，愿意将自己的麻烦告诉老师的中学生只占到5%。这个奇怪又饱含深意的现象给大家一个思考：为什么随着年级的升高，学生反而越来越不愿意与老师进行沟通了呢？在此，或许很多人会觉得，学生与老师之间沟通时，有任何问题都应该由老师去选择合适的说话语气和说话方式来对他们的学生进行教育。作为另一方的学生，也是很重要的主体，在两者的沟通、交流中，学生也需要学会如何与老师进行沟通。

与老师沟通，要学会尊重和礼貌。校园生活中，无论是坐在教室里还是走在走廊上，一定会在某个时刻碰到正要走入教室的老师或是迎面而来的老师。这时，有些同学会立刻低下头，看着自己的脚径直与老师擦肩而过，假装在自己的小小世界中沉醉，经过后再昂起头来继续走。

还有些同学呢？立刻会找个无聊的话题和身边的人有一句没一句地聊起来，好似正说得兴奋，压根没注意到老师的出现。甚至有些同学会立刻将头转向一边，快速经过老师身旁，好像还念叨着"看不见我，看不见我"一般的"咒语"。

学生在老师面前似乎很害怕，连最基本的问候也省略了。但是，见面的一声招呼却是双方沟通的第一步，这可以让老师和学生之间的距离缩小。与老师沟通时，将老师当作普通人是很重要的，他们没有什么尊贵的身份，也没有可怕的外表，他们只是我们的老师，给我们讲授语文、数学、英语。在碰面时，礼貌地对着老师说一句"老师好"，不仅能促进彼此的交流，也能增进师生情谊。若你很害羞，难以说出那一句"老师好"，那么一个点头或微笑，也能传递一份情感、传达一次交流。

与老师沟通，还要学会谦虚。我们常常会听到许多学生在课堂上小声嘀咕着"这个老师真是差劲儿，我讲得都比他好"等类似的话语，也常常会有学生抱怨进错了班级，找了个教学方法这么差、只知道按照课本一个劲儿地念的老师。一旦他们有了这样的想法，就会对这堂课失去兴趣，不再认真听讲，也会对这个老师不屑一顾，背后议论老师讲课不好。于是，一旦有了学习上的问题也不愿去问。

他们往往忽略了一个问题，即每个老师都有自己独特的教学方法，它也许适用于大部分学生。若他们的教学真的很差，那么这个竞争激烈的社会也无法让他们立足。因此，当你觉得一个老师的讲课水平太低、说的话太烦琐、讲的道理太牵强时，请不要在课堂上直截了当地对着老师起哄，数落老师的不是，也不要故意与老师作对，或者干脆遮耳不听，趴桌睡觉。这不但是对老师的不尊重，也是对自己的不负责任。

每个老师的年龄、阅历、学问相对于学生来说，肯定会更高一些，而与老师的沟通，大多是由学生向老师的虚心请教开始的，若是抱着不谦虚、自以为是的想法和态度，那么沟通的桥梁便会被阻断，这显然会使师生间的交流受到阻碍。作为学生的我们，要学会放下高傲的心，拿出谦虚的态度，与老师进行沟通和交流，才是理智的、正确的方法。

与老师沟通，不可太随意。有些老师很随和，在日常生活中

101

与学生以朋友关系相处，并因此保持着良好的联系。因为这种关系，他们在生活中会给老师取外号，也许在生活中他们也以外号来称呼老师，有时还会直呼老师的名字。但一旦回到了校园，会有许多学生一时还来不及改口，在课堂上或是在课间，仍出现直呼老师的外号或者名字的情况，这让老师十分尴尬。

尽管在日常生活中老师与学生有着不一般的关系，有着兄弟朋友般的情谊，但在学校里，依旧不能太随意，否则会让人觉得不符合礼仪、不符合常理。

与老师的沟通，并不仅仅是走进办公室到老师跟前说一会儿话，或是做错了事情被老师叫住进行批评性的教育，更多的是平日里的一言一行，一句问候、一个眼神。

师生间的交流不应存在隔阂。有些学生怕自己会得不多，问的问题很傻，会被老师笑话，继而在老师的脑海里留下"笨孩子"的印象，于是当遇到疑难问题时不愿去找老师帮助，更愿意向同学求助。即使某个心细的老师发现了，这个学生也会红着脸假装自己什么都懂了。其实，在老师眼中，会在生活和学习中发现问题的学生才是聪明细心的孩子。

因此，与老师沟通，需要有礼貌，要带着谦虚的心。大胆地向老师表达内心的真实想法吧，老师会以宽大的心胸包容你。

与陌生人的对话

当你放学回家等公交车的时候，可能身旁就会来一个迷路的人，拿着一张纸向你询问纸上写的地方该怎么走。此时，就需要你与这个素不相识的人进行一场对话，开始彼此间的沟通。

这种与陌生人对话的场景在生活中比较常见。例如，你去某家零食店时，向店员询问某种零食放在哪个柜台；或者是跟着旅游团出游，旅游期间团内人员的互帮互助。因此，如何与陌生人进行对话显得格外重要。

第一，与陌生人之间的沟通一定要有礼貌，而且要多用些称呼，用好称呼。

一次在一家小吃店买小吃，无意中听到一位顾客跟老板娘的对话。从他们之间的对话中发现大家对称呼用得是否准确毫无分辨能力。来买小吃的是一个二十岁出头的姑娘，老板娘看着也很

年轻，与姑娘年龄相仿。因为我是常客，所以知道老板娘的实际年龄不大，也就二十岁出头。但是姑娘没有意识到这点，跟老板娘对话时还是使用那老套的模本："阿姨，给我来盒蔬菜寿司，记得不要加酱啊。"

姑娘也挺有礼貌，只是这称呼着实让老板娘听了有些不悦。只见老板娘什么话都没说，一心顾着手头上的活，草草地将饭、黄瓜等卷入寿司里，再切成段装盒递给了姑娘。在此期间她一直绷着脸，一句话也没说。

姑娘似乎是初次来这家小吃店，不知道店内的价格，她一边从小包中拿钱，一边问老板娘："阿姨，多少钱？"老板娘也不作声，伸出手比了个数字。在小姑娘交完钱离开后，老板娘才自言自语地发泄了一句："这姑娘真不懂礼貌。"

我们都知道，在和他人沟通、交流时要有礼貌，但很多人都会忽视"称呼"这个小细节，让自己显得特别没礼貌。

汉语中，对不同年龄、不同性别、不同等级、不同身份的人的称呼都是不一样的，这就需要我们能够大致明了沟通对象的年龄、性别等信息，以选取合适的称谓。正是由于称呼太多，懒惰的我们总想用一个称呼概括所有的人，如碰见带着孩子的、经营小店的女性就称为阿姨；穿着校服、扎个马尾辫的女生就称为妹妹。自己分不清如何对陌生人的称呼，因而时常会闹出笑话，造成尴尬。

在我们周围，很常见的一种在公交车上遭遇的场景即是：一个妇女带着一个三岁左右的孩子上了拥挤的公交车。妇女领着孩子好不容易在车厢内挤出了一条通道，而后嘱咐孩子抓紧旁边的椅背不要放手。

这时，一个穿着校服的女生很可能站起来，主动将座位让给这位带着孩子的妇女。妇女很感激，坐下后将孩子抱在膝盖上，对着孩子说："小宝，快，谢谢阿姨。""谢谢阿姨。"孩子很听话地学着妈妈的话。女生听了也没多高兴，尴尬地冲着他们母子笑笑，便将头看向窗外。

事实上，对于这个女生而言，一个姐姐的称呼或许会比阿姨更加恰当。所以，当我们与陌生人沟通交流时，要有礼貌，但更要注意措辞，注意称呼的选择。

第二，说错了要及时纠错，多说一句对不起。如果你来到了一个陌生的环境，对这个地方的道路不熟悉，自然而然一时不知该如何前行才能到达自己所想到的目的地。尽管现在的高科技工具很多，如上网百度地图搜索，或是直接叫辆出租车将你载去，但最常见的做法还是询问过路的行人。这时，就需要运用与陌生人沟通的小技巧。

如果你熟悉这个地方，当你走在马路上的时候，恰巧有个外地人向你问路，你自然会竭尽所能，将自己知道的都告诉他。可是，你指的路也会有出错的时候。

记得有一次和同学一起走在马路上，这时正好有三四个背着双肩包的人在十字路口徘徊。当我们走过一段马路来到十字路口的时候，背包客中的一位走过来礼貌地询问某个景区在哪里。我一听，正巧这个景区我熟悉，而且就在不远处。但是，具体是在

这条道的左侧还是右侧就不敢确定了。我想了想，看了看他期待的眼神，凭着感觉指了一个方向，对着他们说往这个方向一直往前走就到了。他们高兴地连说了好几句谢谢，便朝着我指的方向走去。

虽然直觉告诉我，我的指向没有错，但是心里仍然有些不安，也一直在心中默默回忆着具体的地址。哎呀！突然，我想起来正确的方向了，这时才发现我指错了路。我抬起头，看着他们渐行渐远的背影，心里又急又乱。"这可怎么办呀？我指错路了。""没关系的，他们发现找不到地方，就会重新问人，就会知道走错了路，往回走的。"同伴儿这样安慰我。"可是，这就浪费了他们的时间。"我仍旧不安。"你也只是说个好像嘛，又没说一定是那个方向。别怕，他们又不是三岁的孩子，不用担心的。"

即使如此，我仍决定跟他们道歉，向他们说明情况，重新带领他们来到正确的景点。我飞奔向前，一点点缩短着与他们之间的距离。最终，我赶上了他们。我喘着气，低着头，红着脸，向他们承认了错误，说出了"对不起"。他们似乎被我的行为感动了，并没有责备我。这件事也让我明白了，陌生人不是冷酷无情的人，当你说错话了或是做错事了，就需要及时道歉和改正。

第三，不要轻易相信主动搭讪的陌生人。父母总是会这样教育孩子："不要同陌生人说话。"这也是他们从多年的经验和教训中总结出来的，其实不无道理。

新闻曾报道过一种新骗法，不仅让人愤怒，也让人有所思考。拐卖孩童犯不再趁着父母看管孩子不严时偷偷将孩子抱走，而是选择名正言顺地"认领"孩子。

在某列火车上，一个老人坐到一位带着一个三岁男孩的母亲前。在一段时间的沉默后，老人主动与孩子母亲攀谈起来，他起初问的都是一些关于男孩的私人事情，还时不时地逗逗男孩，引得其发笑，让其对他不再陌生。就这样，火车一路疾驰而行，老人和男孩的母亲聊得很开心，度过了枯燥而又乏味漫长的旅途。

终于，火车到站了，两人分别提着行李下车，一同来到了候车大厅出口处。就在这时，让孩子母亲惊愕的一幕发生了。老人突然一手拉过孩子，冲着四周来来往往的人喊："快来人呀，这人抢孩子啦！"

当孩子母亲还在愣神的时候，他们的周围围起严严实实的一圈人。孩子的母亲回过神来，看到被老人拽着的孩子，立刻上去将孩子拉回自己的怀里，对着老人喊："这是我的儿子，你在说什么？"老人也不示弱，反说是这妇人撒谎，并且说了好多孩子小时候的事情，还把孩子的小名叫了出来。

这时旁边有人起哄责怪妇人，更有人主动站出来，自称是孩子的父亲和家人。这时妇人蒙了，她慢慢明白，这些都是老人设的计。老人说的这些都是在火车上她对老人说起的事情。但幸运的是，孩子的父亲和一些亲戚来到火车站接他们母子，看到这样的场景立即上前解围。老人和他的同伙看到孩子的父亲来了，慌忙逃离了现场，这才避免了孩子被拐骗。

这件事最终虽是"正义"战胜了"邪恶"，但我们不得不因

此而有所警惕：有一小部分人会利用我们对陌生人的友善和礼貌而实施他们的可恨行为，这也是我们在与陌生人沟通、交流时需要特别注意的细节。不要轻易地相信主动与你接近的陌生人，不要将私人信息全部告诉陌生人。

与陌生人的沟通，最重要的是讲礼貌，同时要有一定的分辨力，不要轻信一个人。

 ## 在合适的时间去交流

作战需依靠天时、地利、人和才能稳操胜券，沟通亦是如此。想要在沟通中取得收获，也需要天时、地利，而选择一个合适的时间去进行沟通、交流，也是要点之一。

我们时常会发现这样一个现象：在与人沟通的时候对方会莫名其妙地发火，导致这种情绪影响到自己，最后使得沟通完全不能继续进行下去。事后回想一遍自己当时说过的话，发现也没有什么能让他如此大动肝火的地方，可结果依旧以双方的郁闷和怒火草草结束。

其实，仔细看这个问题，便可以找出问题之所在：那就是沟通的时机，即沟通时间不合适。

恰当的时间能够营造合适的氛围，合适的氛围能给沟通加分。有些人不懂时间的重要性，想到什么就马上飞奔到对方家中

去交谈，也不想想这个时候人家大概会在做什么，适不适合在这个时候谈论某个话题，一旦最后沟通没成功，并将人家惹怒，既给人留下了鲁莽的坏印象，又给自己添了一个麻烦。

有这样一个学生，不懂在合适的时间去沟通，结果在沟通上吃了亏。这个学生担任学生会的一名干事，一天，部门内商议决定一件事情，需要询问指导老师的意见，于是就派他代表部门，去向老师征求意见。

他思考了一下，准备在课余时间去找指导老师。这天中午吃完饭，他就急急忙忙来到老师办公室。办公室的门是紧锁的，里面没人，他想老师大概出去吃饭了，于是他便在外等候。十几分钟过去了，还是不见老师回来，他耐不住性子，便回到宿舍。

过了半个小时，他想，都过了这么长时间了，老师肯定吃完饭回来了。他又来到办公室门口，敲了敲门，没人应；转了转门把手，还是锁着的。他不由得嘟囔了一句，这老师吃个饭真是慢呀，于是又在门外等候。

可时间慢慢过去，还是不见老师的身影，他不耐烦地又去重重地敲了敲门，转了转把手。"哎，真气人，今天白跑了。"就在他准备离开的时候，门开了。指导老师一脸严肃地从办公室走出来，把他叫到身边，说了一句："老师们都在午休，你弄得那么大的声响做什么？先回去吧，下午再来找我。"

这时，他才发觉是自己来找老师的时间不适合，他红着脸向老师道歉后，慌忙地离开了。中午本就是午休时间，多数人都会选择吃完饭后好好休息一下，睡个午觉，为接下去一下午的工作养精蓄锐。这个学生没有考虑到这点，选择了不适宜的时间去敲门，不仅影响了老师们的午休，留下了不良印象，还使得沟通没有机会进行，所以沟通前对时间的把握是很重要的。

在工作上为沟通找到一个恰当的时间也是非常必要的。很多时候，沟通时间的把握是否恰当，将会直接影响一笔订单是否能成功签下。有人说过这样一句话：你同客户之间谈话的互动程度有多大，对你而言，给予信息和获得信息的比率是多少，这与你选择的谈话时机和周围环境是有一定联系的。由此可见，找准沟通时间是十分重要的。

在商场，销售员是既辛苦又要常遭别人白眼的职业，很多时候，还没等销售员向他们的顾客推荐自己的产品，就已经被顾客拒之门外了。有人会觉得这肯定是因为销售员对顾客热情不高或者他的沟通技巧很差导致的。但大多数时候是因为销售员没有选择恰当的沟通时间与顾客进行沟通。

在不适当的时间与客户进行沟通交流时，客户很可能会发火，认为自己受到了打扰，从而将销售员拒之门外。例如，一名销售员来到一间店内，客户正在忙着自己的事情。可销售员没有注意到，仍礼貌地推销自己的产品："您好，先生，我这儿有一款很好的产品，能占用您几分钟的时间听我做个介绍吗？时间不长，几分钟就好。"

客户头也没抬地继续忙着自己的事情。销售员以为自己说话声太小了，客户没听见，便又重复了一遍，可还是得不到回应。在他连续的"先生，先生"的呼喊后，客户终于抬起头，皱着眉

头冲着销售员喊："没看见我在这忙得不可开交吗？出去！"就这样，沟通便结束了。这不仅没有达到预期的效果，结果还让人给轰了出来。

不难看出，寻找一个客户不忙的时间和客户沟通，沟通的成功率往往要比莽撞去找客户沟通要大得多。

我们自己也有过这样的体会：心情好的时候，看见什么事物都觉得是美好的，做什么事情都认为是幸福的。我们会有这样的想法，别人也一样。他们在心情好的时候，也是乐呵呵的。如果我们能在别人心情好的时候与他们进行沟通，努力解决那些难题，这些难题解决起来就会在此时显得简单多了。

例如，小孩子向父母提出买变形金刚的要求。变形金刚很贵，而且孩子总是三分钟热度，新玩具到手玩了三天就会弃之一旁，置之不理。在平时，如果小孩子向父母提出这个要求，父母若不想买，就会以各种借口或理由转移孩子的注意力，让他忘记买变形金刚这件事。这是常规做法。

一旦此时父母因工作上的事情正在着急，孩子提出的要求必然会被父母拒绝，还有可能会招来一顿"痛打"。反言之，如果此时父母因为某件事心情大好，孩子提出的要求不但不会被拒绝，甚至父母会立即抱着孩子去买变形金刚。因此，沟通要寻找他人好心情的时间，因为好心情效应将沟通成功率大大提高，促使沟通圆满达成。

如果遇到需要紧急处理的沟通问题，而沟通的对象却没有个好心情，那么聪明的我们可以为沟通对象"制造"出一个好心情，让好心情效应继续发挥作用。如恰逢过节，在见面的时候送上一份薄礼，与他沟通前先谈谈心，取得对方的好感和信任；又如在沟通时，带上一份他钟爱的礼物，这样也能让沟通时段中的沟通对象有一份好心情；或是特地了解到沟通对象正在发愁的问题，见面时提出一些中肯的意见，这会让你在不知不觉中沟通成功。

与人沟通，你的口才和说话技巧是沟通成功的一个重要因素，但是选择一个合适的沟通时间，则更能提高沟通的成功率。在合适的时间，沟通才会变得顺畅，而不会在你还未开口时便被对方直接否决。因此，我们应该在沟通对象清闲的时候，借助好心情效应，将沟通进行到底。

在合适的地点去交流

沟通除了选择一个合适的时间外，还需要一个合适的地点。在沟通时，为自己与沟通对象挑选一个合适的地点去交谈，会让沟通变得更容易。

很多学生都很讨厌开家长会，因为一般在家长会上，班主任总会公布成绩，表扬那些成绩很棒的学生，公开批评那些拖尾巴的差生，这就让成绩有些差的学生对此感到颜面扫地。并不是因为家长会后父母会对自己大骂一番，而是在公开的场合，在这么多家长和同学共同参与的场合里被批评，被称为差生，是一件很让人伤心的事情。从此以后，或许成绩较差的学生会因此而更加厌恶学习，或者自暴自弃，故意捣蛋，让老师讨厌。这种原本想以此激励成绩较差的学生发愤图强的做法，反倒适得其反，使他们对学习更加提不起兴趣，这便是在不恰当的场合说出不恰当

的言辞导致的恶性后果。可见，选择一个合适的地点去谈一件事情，是多么重要！

合适的地点，会让沟通双方都感到心情愉悦，感到方便而不受拘束，会让双方都有个好心情，以便共同解决问题。

乔斯是公司的销售经理，他的销售业绩曾经是公司的一个传奇。每个进入公司的新员工，都会向他讨教秘诀，而他只是笑而不语。其实，在他看来，与客户沟通需要的不仅仅是口才，更多的是要抓住时机。

对于大多数客户，乔斯每次约见都避免在公司等商业气息浓厚的地点，而是选在类似咖啡屋那种安静又文雅的环境，伴随着轻柔的音乐，可口的点心，来开展交流。

下午是最让人惬意的时候了，再难的问题也会随着柔和的旋律渐渐地变得简单。再加上他出色的口才，一笔订单就这样轻而易举地到手了。

不仅是工作上与客户间的沟通要选好地点，在日常生活中与亲人、朋友、老师间的沟通交流，也一样需要选择合适的地点。有些人常常会忽略合适的地点对沟通起到的助推作用，因此常常使得对方生气，颜面尽失，自己却一无所知。

小王今年刚毕业，找了一份收入很高且人人羡慕的工作。一次，在上班的公交车上，他遇到了自己的同学小宁，两人打起了招呼。"嘿，小王，你真早，干什么去呀？"小宁拍了拍小王的肩，询问道。"这不上班去嘛。""找了个什么工作呀？"小王眉毛一挑，假装不好意思地说："不是什么好工作，就是在那个中国排名前十的软件公司。"一说完，小王就觉得自己的话引来无数人的注意，公交车上的乘客齐刷刷地都把目光投到他身上，他顿时觉得格外自豪。

"哇，你可真厉害，这么难进的公司你也进了，以后发达了可别忘了我呀。"小宁拍着他的马屁。"没问题，没问题，哈哈哈。"在一阵寒暄后，两人便各自到了目的地。那天，小王工作特别有热情，无论是沏茶倒水的小事，还是平日里厌恶的跑腿的杂活，一转眼都变成了让他愉悦的事情了。

时间就这样一天一天过去了，小王在公司的成绩也渐渐显露出来。由于工作能力强，小王被领导赏识，交给他一个重要的项目。他兴奋地接手了这个项目，幻想着圆满完成后的成就感。可是，谁都没想到的是，这个项目最终因他睡过头误了时间，使得项目计划书没有及时送到，而造成了严重的失误。这不仅使得项目失败，给公司带来巨大的损失，而且小王幻想的成就感也如泡沫一样，顷刻间破碎了。

领导将小王叫到办公室，与他聊聊近况，并希望他能就此次失误而主动辞职。那天的小王头上就好像顶着一片乌云，赶也赶不走。在回家的公交车上，小王低着头，闭着眼，痛苦地回想着过往的种种。这时，他听到有个声音在喊他的名字，他转过头，看见几个公司的同事。"小王，领导今天叫你去办公室做什么呀？不会是因为之前的那个项目吧？"小王无奈地点了点头。"小王呀，你不会真的在大家都期待着能拿下这个项目的时候，舒服地躺在床上，留着口水做白日梦吧？"小王一听另外一个同

事的话，心中顿时像被刀割一般疼痛，而且他似乎再一次感觉到公交车上所有人的目光都刺向自己，他似乎听到耳边有人在小声嘲笑。这时，他不再回答，抬头使劲瞪了一眼那个口无遮拦的同事，然后将头低下，不让人看见，在到达站点时，他逃窜似的下了车，消失在苍茫的夜色中。

同样的地点，不一样的对话内容，人的心情和感觉也都有了翻天覆地的变化，这种变化直接影响了一个人做事的态度和行为。也许有人不会像小王那样能控制住自己的脾气，或许他会直接与同事争论起来，发生口角，或者抡起拳头，给这个分不清场合的同事一拳，让他记住要在合适的地点说合适的话。不要小看地点这个一念之间的选择，很多时候，它会在你沟通的过程中起到非常重要的作用。

也不知是谁带动起了这股风潮——越来越多的人求婚时，都会在万众瞩目的情况下，单膝跪地，缓慢地从口袋里拿出早已准备好的戒指，深情地望着自己的女朋友，缓缓说出"嫁给我"三个字。或许在大马路上，或是在热闹非凡的街头，这种场地的求婚已不再新鲜。许多人还选择在媒体的关注下，在全国千万观众的见证下求婚。这是为什么呢？

原因可能很简单，地点在发挥着难以察觉的作用。在人来人往的闹市中，见一男子跪地饱含深情地求婚，经过的路人都会在羡慕这场公开的爱恋的同时驻足观看。男女主人公周围的看客越来越多，不仅给男女双方都施加了压力，也让整场的焦点都集中在女主人公身上。她的一句话，将会给男主人公和所有见证这场求婚的陌生人的心情带来巨大变化。

对于女主人公而言，在万人面前，男主人公求婚很让人感动，若是不同意，他会在万人面前颜面尽失；若是同意，似乎又显得那么仓促，没经过慎重考虑。就在女主人公开始举棋不定的时候，现场的作用开始发挥了。

有些看客会被男主人公的勇敢所折服，冲着女主人大喊："嫁给他吧！"由此便与所有人产生共鸣，大家不约而同地喊起这句话，无形中产生的压力让女主人不得不当场同意这个求婚。这就是现场带来的"半推半就"的成功沟通。

千万不要轻视沟通环境的作用，选择一个合适的场所，让双方都能放松、无束缚地谈论平常难以沟通的事情，那么这件事会在此时显得容易得多。

 # 面对面交流

　　随着网络的普及，手机等高科技产品的诞生，越来越多的人倾向于利用短信或者网络对话，从而放弃了最原始的人与人之间的见面交谈。

　　有一个很有意思的现象，当你走在一条街道上，街道两旁遍布小吃店，为了招揽顾客，很多店家都在店外放置了一个招揽牌，将店内的特色展示出来。在这个牌子上，多数会出现这样的字眼："本店提供Wi-Fi，欢迎免费使用，"或者是"亲，店内有免费Wi-Fi哦"。

　　看过一篇网上报道，称现在越来越多的年轻人患上了"Wi-Fi焦虑症"，即到何处都要询问是否有WiFi，能否上网，如果没有Wi-Fi或者提供不了免费上网的服务，便会浑身别扭、焦虑、坐立不安。更有甚者，进入某家店内第一个观察的就是有没有

Wi-Fi，若是没有，会选择拒绝在店内消费。

网上还曾进行过一次Wi-Fi焦虑症调查，调查结果显示，占有调查人数30%的网友患有Wi-Fi焦虑症，还有将近40%的网友每天使用Wi-Fi的上网时间超过了3个小时。更有接近一半的调查者在选择就餐和娱乐场所时，会考虑是否提供免费Wi-Fi。由此可以看出，现在很多人放弃了自己与朋友之间的聚餐和面对面交流，即使在一起也时不时拿起手机看看，不像以前，几个人一起出去从白天玩到半夜。这种源于高科技上的现实，也在某种程度上使得现在的友谊比以前淡漠。

有了手机、网络，更多人选择用短信、QQ、微信等交流，以至于有了这样一个有趣的现象：有些男生在现实中是个腼腆内向的孩子，跟老师说话会脸红，跟同学说话会结巴，特别是跟女同学说话，连看对方的勇气都没有。但是到了网络世界，那里就成了他们畅聊的天堂。在那里，他们可比世界演讲大师还会说、还会辩解，再也找不到那脸红羞涩的样子。这就很能说明，现在的中学生越来越缺少面对面交流的机会和锻炼，更多的是享受虚拟网络带来的伪真实感。不得不说，面对面地沟通是多么重要，不仅仅带来有效交流，更多的还是情感的相互融合。

通过面对面的交流，彼此都能看到对方脸上的表情和流露出的真情实意，这些都不是通过电话或短信能够传达的。

某公司是个大企业，但里面的技术员工很少。一次，公司内的某个老技术员托人递交了辞职信，转达了辞职的意愿，并且希望上司能够同意。上司接到他的辞职信，心中非常不舍。如今的公司原本技术骨干就不多，再加上这位员工是跟着公司一路走过来的，是个难得的人才。接受了他的辞职，不仅会给公司造成人才上的巨大损失，而且找寻合适的技术人员要花费更多的时间和精力。考虑到这些，上司想婉拒这位老员工的辞职请求。

上司向人事部索要了这位老员工的电话号码，用自己的手机给这个员工发了个短信，短信内表明了自己的身份，同时表达了这些老员工对公司的重要性以及想要他继续留在公司的意愿。但是等了一会后，上司收到的回复，依旧是老员工的谢绝。

同样的场景发生在另一家公司。这家公司的上司用手机给即将辞职的员工拨了电话，在电话中，他向老员工阐述了自己打电话的意图，并且说明公司对他这样的技术骨干是多么欣赏和器重，同时向他询问是不是家里的原因或是其他什么原因想要离职，公司会竭尽所能地帮助他渡过难关。老员工听到上司如此为自己着想，尽管很感激，可还是委婉地拒绝了上司的提议。

两位上司都用自己的行动表达了对老员工的赏识和他们即将要离开公司的惋惜，同时当员工看到自己的上司为自己的辞职如此遗憾，并竭力想挽回这一局面的时候，很多人可能会在心中渐渐瓦解辞职这个决定吧？可这两位上司的做法似乎没有达到这样一个目的。原因是什么呢？是他们说的话不够饱含深情，没能让员工知晓他们对其离职的痛心？还是他们的话语不够让员工拥有继续留下来的理由？

相信这些都不是原因。事实上，这两位上司犯了一个致命的错误，他们将与员工的沟通放在了电话里，而不是面对面地进行，将彼此感情的交流和传达通过电话这个媒介进行，而不是面对面地互动。上司的话足够打动人，可双方隔着距离进行交谈，使得无论上司如何用言辞表达自己失去他是多么惋惜，也无法让员工真正地体会到。在关键时刻，我们应当选择彼此面对面地交流来洽谈某事，以此传达最为真切的情感，这也更容易促成一件事的成功。

面对面地沟通，可以将事情叙述得清楚明了，不会因为短信字数的限制、网络Wi-Fi的限制而失去事情的陈述条件，避免只能凭借个人的经验和对事情的理解来想象和推断事情的全貌。

在日常学习中，我们难免会对功课产生大大小小的问题，当在家独立完成作业时，碰到不会的题目，都会感到束手无策。因此，很多学生都会选择将题目留起来，等到第二天到学校，要么向同学请教，要么就直接向老师询问解题过程。很少有人会选择发短信向同学询问，或者拿起电话，拨通班内某个尖子生的电话，希望对方给予解答。这并不是说短信或电话的交流形式不够方便，而是在这种情况下，短信或是电话并不能将问题讲述得清楚。

如今，科技在不断发展，越来越多的新型沟通方式被应用到我们的生活中。但是，我们最为原始的人与人之间面对面的沟通，却是不应被遗忘和摒弃的。这种沟通方式，不仅是朋友之间建立深厚友谊的基础，还是老师与学生之间浓郁师生情的"催化剂"，更是人与人之间情感交流的基石。因此，常常与自己的朋友多碰面，与身边的同学多出去走走，与父母多聊聊，彼此间的情谊就会增加。

　　很多时候，面对面的沟通比不见面的沟通方式有效得多，事情成功与否，也多会受制于是否见面沟通。

　　因此，如果你有时间，就不要都浪费在网络世界上，活动活动、串串门儿，就会让那些在我们看来很难解决的问题，在彼此心与心的交流中迎刃而解，何乐而不为呢？

 # 短信交流

　　如今，手机已成为我们每个人必不可少的一项交流工具，短信交流也成为更加普遍且快捷的一种形式。短信沟通有一个最大的优势，那就是透明度低、隐蔽性高。因此，在与人进行私下沟通或不想公开的沟通中，运用短信进行交流，是个很好的选择。

　　黄明和陈晨原本是一对很要好的姐妹，总是形影不离，但是慢慢地两人联系少了，也不再一起玩了，即使碰巧碰了面，都会相互躲着或是假装没看到，故意绕路走开。这是为什么呢？事情还得从一个月前说起。

　　那时候，黄明身体有些不舒服，于是她到医院做了个检查，检查后发现原来是营养过盛导致的。她仔细想想，发现自己前段日子过得比较安逸，身体也发福了，医生让她今后要吃些素食，多吃些五谷杂粮，别尽挑肉吃，而且晚上少吃，这样病情就会有

好转。

听完医生的话，黄明红着脸答应了。在她看来，这是件不好意思拿出去说的事情，也是件让人害羞脸红的事。随后，她便离开了医院。走在回去的路上，她想起了陈晨，她想告诉陈晨自己检查的结果，但又想到在大马路上公开讲这事难为情，便拿出手机给陈晨发了一条短信，上面写着："晨晨，我得了富贵病，医生说我如果再吃，就会像一只母猪，坐等被宰，呜呜。"

当时的陈晨正办完事在等公交车，一看黄明来短信了，看了看，刚要回复的时候，公交车来了，她跟着人流挤上车。车上人很多，陈晨想要回复黄明的短信很困难，于是她拨打了黄明的电话。黄明没想到陈晨会打电话来询问，但还是接起电话。

"检查怎么说的呀？"陈晨推着身边的乘客，大声地说。"你小点儿声，就是这么说的呗，就跟我刚才短信里跟你说的一样。"黄明不好意思地四处看了看。"那你怎么说自己是猪呀。呵呵，不会得了这病就成了一头猪了吧。"陈晨开玩笑地说，但车上的吵闹声太大了，她不自觉地再次拔高了声音。"你在哪里呀，听着身边好多人？你声音小点儿，会被人听见的。而且这又不是什么好事，会让人笑话的。""我在公交车上呢，你大点儿声，这很吵，听不清楚。""那等你下车了，咱再私下说吧。""没关系，现在就可以说。富贵病嘛，有什么关系，不就是富贵病嘛，现在像你一样大吃大喝的人很多，所以得这病的人很多。放心，你是不会变成猪的！哈哈哈！"陈晨故意开玩笑，想让黄明安心，可似乎并没有起效果，电话另一头的黄明保持着沉默。几秒钟后，电话挂断了。

陈晨觉得很奇怪，黄明怎么会什么都不说就挂断了电话呢？于是再次拨通，却始终无人接听。第二天，她跑到黄明家中看望她，也为公交车上的事情寻个原因。到了黄明家门口，按了半天门铃，黄明也没开门。她以为黄明不在家，可又想平日里的她在这时候只会待在家中，不会出门，所以只有一个原因，就是黄明不愿见到自己。

她打了黄明的电话，却依旧无人接听，无奈，她发了条短信，询问发生什么事情了。最后等到的答复是，黄明认为陈晨不顾自己的感受，在公交车上故意大声谈论她的病情，让其他在公交车上的人笑话她，使她的心灵受到了伤害。就这样，两人的友谊出现了裂痕，而黄明久久都不能原谅陈晨的这件事，使得两人在后来的交流中越来越疏远。

或许，那时的黄明并不希望用电话来交谈此事，只是希望能够在一种隐蔽的、不公开的情况下和自己信任的人谈论，而这时候短信成了最好的方式。若是陈晨听了黄明的请求，在公交车上挂了电话，事后短信联系或当面交谈，或是等到公交车上不太挤的时候发个短信关心询问，这样一来，友情破裂的事情就不会发生了。

短信沟通的确有很大优势，但又有个致命缺陷，那就是短信的编写受文字限制，要求短小，不能长篇大论，因此在一些问题上可能会由于过于简短的文字而使得内容被误解或被臆想，导致双方会发生误解。

春天，是踏青的好时节，学生们总会组织出去游玩，这样一来，难免就需要将出去游玩的时间、地点、所需准备的物品、集合点等通知给每个要出游的人。这时，短信沟通成了最好的一个途径。

有一个人安排好行程后，将消息用简短的语言组织好，发给了其他一起出游的人。他编辑的短信内容是这样的："驴友们，明天我们就要出去游玩啦，现特地将一些注意事项跟大家说明：明天8点，在学校大门口，有我们自己租的旅游车，带上你的零食，你的钱袋子，let's go！"

第二天，他早早等在学校门口。可是8点10分了，才有零星几个人到达。他很生气，昨天明明已经发过通知了，他们竟然还迟到！于是他拨打了没来的人的电话。"您好，您拨打的电话已停机。"咦，这人手机停机了。他又打了另一个同学的电话："喂，你在哪里呢？都8点10分了，还不到？"对方疑惑了，"我们早就到了，一直没看到你，还在说你迟到了呢！""你们到了？我也到了呀，怎么没看到你们？你们现在在哪？""在学校大门口呀，东大门！""哎呀，错了，我们要在西大门集合的！""啊，你不是说大门口嘛，平常我们说的大门口就是东大门呀！""好了好了，你们赶紧过来吧。"

挂了电话，他又拨打了另外一个同学的电话。"喂？""你怎么还在睡觉，昨天不是通知过，8点集合的嘛。你怎么还不起床？""是呀，8点集合。现在还早着呢。你催什么？""还早，都快8点半了！""你说什么呀，现在天都没黑呢。""错了，我通知的是早上8点！""啊！之前不是说换个新意，去夜游嘛，怎么变成日游了呢？""哎，反正现在不要说那么多了，赶紧洗洗到学校大门口吧。哦，对了，是西大门！"

此时他才发现，不是同学们迟到误点，而是自己的通知不够准确。因为没有让他们回复，所以有些人没收到短信他也不知道；因为没写清楚时间，所以很多人都认为是在晚上；因为没有写明地点，所以很多人都走错了地方。从那以后，他再次编辑短信，都会把这些容易模糊的细节具体化，避免再有人误解。

借助短信与他人沟通，需要在合适的场合才能发挥出最佳效果。同时，要注意短信的措辞，要合理组织语言，将容易引起误会和误解的词具体化，这样才能既方便自己，又方便他人。

电话交流

不得不说，电话的发明是人类发明史上一个伟大的发明，它让在千里之外的人能听到自己的亲人、朋友的声音，就如同在面前一般。因此，通过电话沟通，也是一种与人交流的重要方式。

电话沟通的优点在于，当你出于某些原因无法赶到现场与人沟通时，便可以通过电话随时随地与人进行对话，无论距离多远。

林琳在期末考试中取得了优异的成绩，可是就在她进入考场前半个小时，还如同一只热锅上的蚂蚁，焦头烂额。原来，在考试前，她虽然准备得很充分，但是出了家门时却把考试用具和准考证等考试必需品忘在家中，直到来到了学校，同学的好心提醒才让她顿时慌了手脚。

此次的期末考试比往年要严格得多，如果没有带准考证，无

论是同学证明还是老师证明都无济于事。这可怎么办呢？要是现在回去取，肯定来不及考试，因为她是掐准时间来学校的；但是不回去，考试就没法进行，这次的期末成绩就没有了。

想到这些，她的眼睛开始泛红，眼珠上蒙上了一层薄雾。就在这时，她的同学安慰她别着急，可以让父母将准考证送来。林琳一听，对呀，有电话呀，可以让父母将准考证送来，还有四十多分钟，肯定来得及！于是，她立刻向老师求助，希望能借用一下老师的手机，给父母打电话。随后，她拨通了家里的电话，父母听到后，放下电话便马不停蹄地赶来。最终，在开考前10分钟赶到，让林琳安安心心地进入考场考试。

从父母手中接过准考证的那一瞬间，她很感激贝尔，感谢他发明了电话这种沟通工具，能跨越空间的障碍，实现人与人的交谈。因此，当我们急于做某事却无法脱身的时候，可以借助电话，进行电话沟通，来完成某事。

电话除了能让人与人之间进行直接对话，还能掩盖一些不想被人看到的表情。比如，当我们伤感时接到朋友邀约的电话，就可以找个借口推辞，而不让朋友为我们的惆怅担忧。因此，在沟通时不想让对方看到自己心情的波动，即可利用电话规避麻烦。

陆华上了大学以后，一直勤工俭学，所以在别人放假在家休息玩耍的时候，他总是在打工，以挣些生活费。

一次，他经人介绍到了一家蛋糕店做店员。店长通过介绍人看了看他的照片，再经过电话详谈后录取了他，让他做一段时间的店内员工，并承诺给他较高的工资。但是正式上岗前必须经过培训，因为要上课，原定的培训时间陆华根本不能去，所以他们又重新约定了培训时间，且表示当天会如约来到店内培训，再上岗工作。

可是，计划没有变化快，当陆华在店里跟店长谈好一切之后，他接到了父母打来的电话，要求他放假回家。接完电话后的陆华伤透了脑筋，这边才和店长谈好，而且承诺会如约培训上岗，那边父母却要求他回家。

父亲身体不太好，回家看望和照顾也是理所当然的，但工作那边已经商定好，也不好推辞，这可怎么办呢？再三思索后，陆华还是决定放弃工作机会，毕竟能陪在父母身边的日子也不多，既然父母要求，那就顺从他们吧。工作这边如何应对呢？陆华很纠结。

陆华是个要面子的人，承诺的事情总会竭尽全力去实现，这次让他拒绝，他还真不知道该怎么办。他不好意思打电话跟店长说，可是不打电话辞职，还有什么更好的办法呢？总不能不说吧。

陆华想，发短信给店长吧。正当他拿起手机，编辑完短信准备发出时，他迟疑了，发短信会不会不太礼貌？打电话应该更合适吧，发短信说不定店长收不到。而且亲自跟店长说明情况，请求他的谅解会比短信显得更有诚意。于是，他拨通了店长的电话。

"您好，请问是林店长吗？"陆华言辞清晰而恭敬地询问。

"是的，你是哪位？"

"店长，您好，这么晚了打扰您了。我是早上去跟您谈事情的小陆。不好意思店长，因为家里有些事情，假期我不得不回家去，所以今早跟您约定好的培训和上岗都兑现不了了。"

"哦，是这样呀。好吧，你家中有事就先去吧，这边的工作我就给你取消了，没事的。"

"谢谢店长。那店长您先忙，我就不打扰您了。"

听到店长的回答，陆华很高兴，店长并没有因此怒不可遏。挂电话前他向店长道了谢，随后礼貌地挂断了电话。就这样，在电话沟通下，陆华礼貌地推了工作，也使得店长并没有生气，可谓双赢。

在陆华与店长的电话沟通中，我们可以看到一些值得我们学习的东西，也是我们在与人电话沟通中所需要注意的一些细节。

首先，在电话沟通中，第一印象很重要。在对方接起电话的那一刻，我们的声音和言辞便决定了对方对我们的第一印象：是跟你和善地交谈还是冷不丁地挂掉电话？与人电话沟通，要带着轻快的音调。其次，要用清楚明了的发音清楚表达自己的意思。咬字不清，你说得不仅吃力，别人听着也别扭，更有可能会因发音不准让人误解，让人曲解你的意思。

结束也要给对方一个好印象。有些人在接电话时很快地进入主题，说完正事又迅速地挂了电话，不留给对方一点儿准备的时间，只能让人听到电话中忙音不断地在耳朵边回响。这往往让人很生气，心说怎么连句话也没说就直接挂断了呢？我们在与人进行电话沟通，接近尾声时，要礼貌地和人道别，让对方清楚你即

将要挂断电话了。

　　可见，电话沟通也是一门艺术，不是随意的几句话便可以草草了事的，它需要我们在整个沟通的过程中，合理组织我们的言语，调整说话的语调，运用礼仪，以给对方一个好的印象，营造一个轻松的沟通环境。

　　当你不能与人面对面沟通时，就不妨选择用电话沟通吧。当你选择了用电话沟通，就好好利用电话的优势，这不仅能避免尴尬，还能跨越空间的距离，传达自己的情感。

 **智慧的说话者**

　　很多人都在抱怨，每当沟通时，自己说出的话总是跟自己所想的有些不一样，这使得倾听的人所听到的、理解的和自己所想表达的有些出入。因此，在沟通过程中，学会做一个聪明的说话者，也是很重要的一件事。

　　若想让自己说出的话与自己心中所想一致，就要在说话前好好整理自己的思绪，最好是在纸上列出条目或纲要，将自己的所想所思逐一清楚地记录下来。这样一来，在沟通的时候，即使一时忘了什么，也能够通过条目的提醒而记起。

　　小志学会了一件事，那就是有准备地去沟通。在学校，他参加了学生助理工作，给学工办的一位老师帮忙。这一天，老师让他打个电话给教学办的一位老师，告诉他学校即将要验收的一些成果和接下去所需上报的报表。小志听了，满口答应，当即坐在

办公室拿起电话就打。

　　这时，老师叫住了他，"小志，你就这样开始打电话了？"小志疑惑地看着老师，心想。"您让我打电话，我不现在打，那什么时候打？"他轻轻"嗯"了一声。老师让他放下电话，说："你什么都不准备就打电话，那在电话中该说些什么你知道吗？"小志点点头说："就是您刚才跟我说的报表成果之类的。"

　　"之类的？没理清自己的说话思路，组织好自己的语言之前，就不要打电话。"

　　"哦！"小志想想老师说得也有道理，便放下电话，开始冥想。

　　"小志，你平时思考就是单纯空想的？"

　　"是的，在脑海里组织好语言。"

　　老师摇了摇头说："那你怎么能保证自己在与老师打电话的过程中不会忘了原本脑海中想好的事情呢？"

　　老师说："俗话说，好记性不如烂笔头，既然会忘，就把自己要说的话一点一点地记在纸上。"

　　"那多麻烦呀。"小志小声地嘟囔了一声。

　　"虽然有些麻烦，但是在与老师打电话前你就已经理清了自己的思路，在打电话时便能清楚明了地将事情说出来，而不会存在迟疑和不确定性。这样一来，教学办的老师也能清楚地接收到你要传达的信息，顺利地完成派发下去的任务。"

　　听完老师的话，小志恍然大悟。的确，在与很多人沟通的时候，他都感觉自己表达得不够清楚，原来是因为自己说话前没有理清思路、组织好语言。于是，他拿了张纸，将所要沟通的内容逐条写在纸上，最终毫无遗漏地通知了教学办的老师。

这就是在沟通前记录沟通要点的好处，既不会在沟通时遗忘重要条目，又能顺畅、自信地去沟通。想要做个智慧的说话者，这个可一定不能忘。

另外，我们常常会出于一些私人原因，在一些场合下，不适合或不好意思将一些事情直接转述给沟通对象，于是我们常常会找到第三方，让他来帮自己传话。第三方毕竟不是当事人，在与沟通对象交流时，或多或少会加入一些自己的主观理解和解释，这样会使得我们最初的意思被曲解，以致沟通达不到想要的效果。

阿凡借给阿东几百元钱，过了好久也不见阿东有还钱的举动。于是，阿凡想跟阿东好好沟通一番，让他尽早还钱。但谈钱总是会伤感情的，所以阿凡一直都不主动提起借钱的事。于是他找到了他们共同的好朋友阿全，让阿全向阿东提一提还钱的事，这样两人也不会尴尬。

阿全按照阿凡的想法，找了个时间约阿东吃饭，在饭局上提起了这事。可阿东听后先是震惊，后来又有些愤怒，第二天找到阿凡，将欠款扔在桌上，然后对他一阵大骂。阿凡很纳闷儿，自己也没做什么事情，怎么就惹了一顿骂呢？

原来，在阿东看来，借钱是比较隐私的事情，而阿凡想让自己还钱是天经地义的，那就当面说好了，却让第三个人做传

话筒，让他知道了他借钱的窘况，真是丢了面子。所以，有的时候，找第三方沟通，要分清场合。可有的时候，第三方也能很好地进行调节和解决沟通中的问题。

有一个男孩儿喜欢上一个女孩儿，暗恋了很久，但一直没有表白。有一天，男孩儿厌倦了这种暗恋的苦滋味，他很想把自己喜欢女孩儿的事实告诉她，可他又害怕女孩儿的无情拒绝，导致今后两人见面尴尬，连朋友也做不成。他思前想后，决定让两人共同的好朋友将自己的心意带到女孩儿那里，让女孩儿知道自己一直在暗恋她。

朋友也很讲义气，第二天就去找了女孩儿，并把男孩儿的心意告诉了女孩儿。女孩儿一听，感到十分惊讶，但还是拒绝了男孩儿的表白，并托朋友将话带回。就这样，虽然男孩儿的表白失败了，但是他避免了两人尴尬的回绝场面，也让彼此在接下去的见面中还能假装什么都没发生过，不那么别扭。

说话者还需要观察沟通对象的肢体语言。说话的人若总是顾着自己，一个劲儿不停地说，丝毫不考虑和观察沟通对象的情绪，那么沟通必然会失败。或许在你一开口说话的时候，对方就已经感到厌烦和无聊，再也不会对你的话题感兴趣，思绪早已飞到十万八千里之外。此刻，你的高谈阔论只能演变成一场自言自语的可笑对话。因此，多观察沟通对象的肢体语言，时不时制造出一些新的惊喜，让他的注意力永远集中在你所说的话当中，会为顺畅沟通加分。

肖灿和美丽是一家教育公司的校园代理人，她们的主要工作就是让学生参与到企业所培训的相关课程中。两人同时进入公司，但后来取得的成绩却截然不同。

每季度的业绩排行表中，肖灿总是垫底儿，美丽却是一枝独秀。是美丽长得比肖灿漂亮大方，说话更加甜美，才使她的业绩比肖灿更好的吗？当然不是，主要原因，在于两人与有意向的学生沟通交流时的说话技巧不同。那么，她们沟通的技巧有什么区别呢？

肖灿与学员交谈的两个小时里，所讲述的内容一直都围绕着公司的发展史、信誉、口碑以及培训项目的优点和保障。学员听得头昏脑涨，无聊地皱着眉头，叩着桌子却丝毫没能引起肖灿的注意，她还是面带笑容地不停讲着。或许，这份微笑让这些面谈的学员不好意思打断她的话，耐着性子熬过了漫长的咨询时间，可很少有人提出申请意向。

美丽却是截然相反，当学员觉得无聊或不耐烦的时候，她便会将话题转移到学员身上，去谈让他们感兴趣的话题。显然，这就让学员始终把注意力集中在她身上。如此一来，当她继续下面的谈话时，学员也能认真听一听她所说的话，好好地考虑一番。正是因为她的观察力，让她取得了让人羡慕的业绩。

想要成为一个智慧的说话者并不容易，这需要拥有一双善于观察的眼睛、一颗理性的心和一张掌握分寸的嘴。同时，要不断地用实践来积累经验。这样，沟通道路才会平坦。

多让对方说说话

大部分人认为，在沟通中，说话的人是最重要的，他是沟通是否能进行的前提。所以，常常会有人只是一个劲儿地在说话，而忽略了对方，没能让对方有说说话、谈谈心中想法的机会。就这样，许多人在沟通时得不到说话的机会，只能听着说话的人滔滔不绝地谈论他的想法、感觉，没一会儿，心中就生了一股闷气，对这场沟通失去了兴趣，注意力也不再集中。

你或许不理解，为什么自己说得好好的，也没有说什么伤人的话，怎么就惹得对方不开心了呢？那是因为你忽略了对方的感受，而只以自己的感受为主。此时的你，就好像下面故事中的两个妇人一般。

有两个妇人在街上相遇，因许久不见便聊起天来。她们的话题渐渐地从天气转移到了自己的儿女身上。

一个妇人问："对了，我记得你有个儿子，已经结婚了吧？"

"是呀，结婚了。"另一个妇人回答。

"那小两口的日子过得很甜蜜吧？"

"哪有，我儿子过得可苦了。"妇人皱着眉头叹了口气，"我的那个儿媳妇，真是够懒的，在家里饭不烧，衣服不洗，碗也不洗。家里脏了，也不打扫，吃饭也不端菜盛饭。这些都是我儿子做的。更过分的是，大半夜自己饿了还要让我儿子跑出去买东西给她吃，渴了还要把水亲自端到嘴边给她喝。哎，我现在真是后悔娶了这么个儿媳妇呀！"

另一个妇人听完，叹了口气说："是呀，确实是个不好的媳妇呀。"

妇人抱怨完，突然问道："别说我儿子了，听说你女儿也结婚了，现在过得很甜蜜吧？"

另一个妇人一听，笑得合不拢嘴："那是，我女儿现在的日子过得真是很好。在家里，衣服不用她洗，饭不用她做，碗不用她洗，家里的卫生也不用她打扫，这些都是由她的老公去做，一点儿也不需要她帮忙。她就坐在沙发上看看电视，吃吃零食，渴了还有人亲自端来水，饿了还有人亲自出门买给她。哈哈！"

妇人听完，满是羡慕的表情。这两个妇人因为站的角度不同，都过于看重自己儿子不幸或是女儿的幸福，才会出现截然不同的情绪表现，犹如只知道说话而不留给别人说话机会的人，看到听者不耐烦就会感到很生气，而听者看到说话者喋喋不休，完全不顾自己的感受就烦闷一般。

如果想在沟通时让对方一直关注你，认真地听你说话，你就需要多给对方说话的机会，让他也能同你一般畅所欲言。如何才能吸引对方的注意力，让对方也能投入到这场沟通中呢？这就需要谈论对方感兴趣的话题。宛若一个孩童，经受不住棒棒糖的诱惑，会乖乖地来到你的身边，为了拿到那根棒棒糖而竭尽全力讨好你一般。沟通亦是如此，对于自己感兴趣的话题，谁都会忍不住插嘴，或将自己所知的倾囊相告。

那么，如何能找到一个让对方感兴趣的话题呢？分两种情况。

如果沟通的对方是自己的朋友，那么你定然对他的生活习性、兴趣爱好有所了解，也就知道对方喜欢什么样的话题。在沟通过程中，时不时插入一些这样的话题，可以有效地让两人在沟通过程中全程投入。

如果沟通的对象是一个陌生人，如客户、顾客、路人等，就是考验我们观察力的时候了。在沟通时，当谈及能吸引对方的注意力或是让对方产生共鸣的话题时，你就会发现，他们从肢体语言上不经意地表现出他们的兴趣，如身体微微地前倾靠近你，或是眨着双眼，眼睛一刻也不离开你，抑或时不时地点头。

当你发现了诸如此类的小动作时，就应该知道，对方已经被你巧妙地吸引住了。紧接着，你再以一问一答的方式，就可以诱导对方适当地谈论有关自己的性格、生活习惯、人生阅历以及兴趣等问题。如此，仅仅一面之交，双方便很可能成为朋友。多花

点儿时间，找到对方感兴趣的一个点，让对方畅所欲言，这定会让沟通变得轻而易举。

新一届的开学日，学校里来来往往都是陌生的面孔。梅梅是一名老生，在学校组织迎新活动时，她主动要求参加。她正在体会助人为乐带来的喜悦感。

"咦，那里的两位家长拉着行李箱带着的孩子，肯定是新来的同学。哈哈，又有人可以帮助了。"梅梅老远就看到了似乎是在寻求帮助的家长和学生，心里乐开了花，立刻迎面上前，接过家长手中的行李箱。"叔叔阿姨，你们好，我是这次迎新的志愿者，我叫梅梅。你们是不是初来这个校园觉得很陌生，找不到地方呢？没事，我很熟悉，有什么不知道的都可以问我，你们手上拿着录取通知书，是不是要去注册呀？那我带你们去好了。"就这样，梅梅直接拖着新生的行李箱，走在校园的路上。

"这个……"家长连忙叫住梅梅。梅梅以为家长是在担心自己瘦小的身板儿搬不动这些行李，连忙回应："没事，我很强壮的，我搬得动。"说着，她急匆匆地走在家长前头，给他们带路。"往这边走。"梅梅硬拽着家长、新生往注册地走去。

一路上，她不停地描述整个校园的环境、学校的生活和种种发生在校园中的故事。过了一会儿，他们来到了注册地。

"阿姨、叔叔，这里就是注册的地方了，你们去吧。"梅梅放下行李，"要不行李我帮你们看管一下，等一会儿我带你们去宿舍吧。"梅梅好心地提议着。

可是，家长和新生却你看看我、我看看你，犹犹豫豫地说：

"孩子，谢谢你啊，这一路上带我们过来。可是，我们已经注册过了，刚才正走在去宿舍的路上呢！"

"啊！"梅梅疑惑了，"那怎么刚才你们不说呢？"

"我们刚才正打算和你说呢，可是你不停地在介绍学校，我们也插不上嘴。"

梅梅的脸顿时红成了苹果，她不住地道歉。在得到了家长的原谅后，一行人又拉着行李往宿舍走去。

你瞧，梅梅只顾着自己不断地说话，没有留给新生父母说话的时间和机会，才让他们白跑了一趟。所以，不管何时，听别人说完自己再说也不迟。

如果沟通时找不到合适的话题而变得沉默了，该怎么办呢？有个办法必定能将沟通拉回正轨——就地取材。此为何意？很简单，从字面上就可以理解，即根据当时的环境和场合，寻找一个话题。好比今天刮大风、下大雨，路上一片积水，行人的雨伞被风刮得变了形，那就可以谈论一下天气，以天气为突破口，转向生活中好笑的事情等。或者参加了一个朋友的喜宴，那就以朋友的喜事为话题，从中展开，谈谈朋友在生活中发生的糗事等。或是走在一片田野之中，望着绿油油的秧苗，就有了一个关于大自然的话题，从大自然出发，延伸出身边人的环境理念。如果沟通对象出生于一个著名的景区，那么便可从他的出生地寻找话题，谈谈那里的好山好水，那里的人文、特产或经典等。这些话题如同是大众脸谱一般，总能或多或少地引起别人的兴趣，让人不住地发表自己的看法和意见。如此，沟通就不会陷入沉默当中，彼

此也不会变得无话可说。总之，话题无处不在，关键点就在于我们是否能找到它，并延伸开来。

有些时候，有些话题却是有禁忌的。这些禁忌的话题可能是对方的隐私，也可能是对方不愿被提及的往事，更有可能是曾经做的错事等。无论怎样，当对方表现出支支吾吾或想跳过这个话题时，你就应该找个理由顺利越过这个话题，不再提及。比如，当你在沟通过程中，询问到有关对方家庭地址时，有些人会觉得这是隐私，不方便太具体地回答，或许就会说个大致的地点。倘若此时你还一个劲儿地深究下去，打破砂锅问到底，那么只会让人感到厌烦，不愿再继续与你交流下去。

显而易见，如果对方想告诉你，自然不等你问，就会全部告知，或许还会邀请你哪天去家里坐坐。在沟通过程中，务必考虑到对方的立场，有些话不能因自己说得痛快而不顾人家是否愿意。在沟通中，每个人说的话都是说给对方听的，不是说给自己听的，所以凡是对方不愿意让人知道的、不愿意说起的事情，我们都应避免谈及，更要避免深入。

沟通只是为了让双方达成一个共识，解决一个问题，而不是破坏双方的关系，制造新的麻烦。所以，沟通时，要多为对方想想。

少用引人误会的词

在广大中学生心中，最难的课程不是拥有复杂关系的数学，不是拥有细腻情节的语文，而是由26个小蝌蚪字母组成的单词。有些人感叹每次的英文考试都是靠着碰运气、猜答案的方式做题的。但换个角度，外国人考中文时，也被这渊博的汉语知识弄得头昏眼花。就像是英文的一词多义一样，中文亦是如此。

常常能在网上看到调侃外国人的汉语水平考试，题目一看便很雷人。举几个试卷中的真题来看看。有这样一道听力题，题目是这样的："小明，你的睫毛好漂亮，真的假的？""假的！""是真的吗？""真的！"问：小明的睫毛是真的还是假的？

在中国人看来，这道题很简单，因为我们能够读懂小明话中"假的"所指的物品是什么，也明白其后又说的"真的"所道出

的是什么意思。但这就如我们学英语一般，外国人在中文的学习过程中，很难分辨其中真正传达的意思是什么。

再看看另外一道题，这是一道文字题，难度很高：小明送给领导两个红包。领导说："小明，你这是什么意思？"小明回答："领导，这没什么意思，只是意思意思而已。"领导又说："你这就不够意思了。"小明回答："小意思，小意思。"领导说："你这人真有意思。"小明回答："其实也没有别的意思。"领导笑了，说："那我就不好意思了。"小明摇摇头说："是我不好意思。"问：分别解释每个"意思"的意思。

刚看到这个题目时，相信把中文作为第一语言的我们，也会觉得很难。这么多个"意思"，在不同语境中各有各的含义，要想正确理解，还真不太容易。所以，这也就说明，在我们平日里所说的话中，每个单词在不同的场合下都会有自己独立的含义，若是能合理地去使用，便能在沟通中发挥重要的作用。反之，则会在沟通时导致双方的不愉快。

看过一个笑话，笑话里有一个妈妈，这个妈妈在学习英语，所以总会有问题问她的儿子。有一天，妈妈问儿子："儿子，你知道在英语中'不知道'该怎么说吗？"儿子回答："I don't know."妈妈听不明白，继续问："我是问你'不知道'用英文怎么说。"儿子反驳："是呀，我说了嘛，I don't know."妈妈生气了："我就是问你'不知道'在英文中怎么说，你知道的话就告诉我，不知道的话就算了。"儿子也急了，解释说："我知道，就是'I don't know.'"最后，妈妈生气地走了，儿子也郁闷地看着妈妈离去。

在这个笑话里，母子间的沟通因为没交代清楚在不同语境下的'I don't know.'的含义，导致了这么一场闹剧。平时我们每个人也常会因此发生误会。

小华新买了一辆自行车。一天，小华骑着自行车来到学校，在学校停完车，遇到了也在自行车库的同班同学小一。小一见到小华，就问："小华，你买了新的自行车呀？""是呀，刚买的呢，这是我最喜欢的颜色，怎么样，漂亮吧！"小华自豪地拍了拍自行车坐垫。

"嗯嗯，真是好看，只不过，你怎么没锁呀？"小一奇怪地看着小华的车。小华疑惑了："怎么没锁呀，这个，这个不是锁吗？"小华弯腰抖了抖挂在自行车轮胎上的锁。

"不是呀，我不是说这个锁，我是说你的自行车没有锁。"小一解释道。

小华有些气愤："哎呀，你近视了吗？没看到吗？车轮胎上面的那个东西难道不是锁吗？"小华又重重地抖了抖车轮胎上的锁。

这回小一急了："我才要说你的理解力不够呢，你怎么就听不明白呢？锁！我是说你的自行车没锁！"

小华白了小一一眼："真是笨呀，你告诉我，这个是什么，难道不就是你说的锁吗？"

小一急得跳起来说："你个笨蛋，你手上拿的是锁，可是，我说的是你的自行车锁没有上锁。"

　　小华转身一看，还真是没有上锁，所以他不好意思地笑了笑说："你怎么不说清楚呀？说话要说完整嘛！"

　　可见，因为"锁"有动词和名词两种词性，所以含义不同，才会让小华误会。因此，对于这些有多种词性的词语，我们应尽量少使用，或者多说几句，解释一下多词性词语的含义，这样一来，就会避免多词性词语带来的沟通障碍了。

　　除了一个词语有不同的词性，在不同词性下的含义不一样外，还有一音多字的情况，即同一读音却不同字的情况。

　　人们常常用同音词表达出多种情感，例如唐代大文人刘禹锡的《竹枝词》中，有这样一句："东边日出西边雨，道是无晴却有晴。"其中的一个晴字，既是天空放晴，又是满腹怀情，借"晴"字表达少女的眷恋之"情"，起到了一语双关的作用。这种方法也常在沟通中出现。有时，我们会借用这种一语双关的语言技巧，而让沟通变得更加有效，但有时我们会因为两个同音不同字的词语而让别人误解，导致沟通不畅。

　　清朝时期的纪晓岚与和珅同朝为官，纪晓岚担任侍郎一职，和珅担任尚书一职。两人为死对头，经常打口水仗。

　　一次，纪晓岚与和珅坐在一起喝茶，这时来了一只狗，和珅眼珠一转，便指着狗问："是狼（侍郎）是狗？"纪晓岚是个聪明机警的人，他怎么会听不出和珅是在间接地骂自己呢？于是他来了个机灵的大反击。只见他神态自若地继续喝茶，缓缓地回答："垂尾是狼，上竖（尚书）是狗。"这样一说，狡猾的和珅顿时红了脸，不再言语了。

　　其实，纪晓岚的话外有话："垂尾侍郎，尚书是狗。"这样一来，纪晓岚不仅以其人之道还治其人之身，还让和珅没占到一点儿便宜。这就是一语双关的妙处。

　　阿玫最近很开心，因为再过一个星期她就要步入婚姻的殿堂了。亲朋好友都纷纷送来祝福和礼物，以表达自己的心意。就在阿玫家人清点朋友们送来的礼物时，却发现有一大篮子的鸭梨。"哇，这是谁呀，怎么送梨呢？"阿玫的妹妹大喊起来。一家人闻声围过来，便看到一大篮子的梨醒目地放在桌上，上面还写了祝福卡片。

　　"真是不懂礼貌，谁会在结婚的时候送梨呀，难不成是存心想让这对新人分离吗？"阿玫的妈妈拿起卡片，看了看，愤懑地说。阿玫也不高兴，梨子梨子，分离分离，这可是最忌讳的事呀。一看送礼人，竟然是自己最好的朋友，便以此知晓这个朋友不懂人情世故，更不懂礼节，在今后的日子里，她也减少了与之来往。

　　由此可见，在很多重要场合，我们必须了解一语双关的意义，以免造成无法挽回的后果。解决此问题的最佳办法就是在沟通时尽量少用些惹人误会的词，或者多说几句话，说清自己所要表达的意思，那样误会就不会发生了。

多一份耐心

随着科技的不断发展和进步，人们的生活节奏也在不断地加快。吃饭快，走路快，做事快，说话也快。常常没说几句便会觉得不耐烦，多问两句便直嚷嚷着"你真笨""你怎么连这些都不懂呀"，这些话让人伤心又伤自尊。所以，在沟通时，我们需要多一点耐心，多一点理解。

很多时候，你总会自以为是地觉得自己是对的，会被自己的情绪所干扰，从而做出一些冲动且事后让人后悔的事情。很多时候，你也会因为着急，还没听完别人的话便收拾包袱离开，这场沟通、交流也许就因未完的话而草草结束了。

陈珏是一位很成功的商人，他的事业因他的不懈努力和聪明才智而越做越大。随着事业的发展，他开始关注慈善，致力于慈善事业。他赞助的项目很多，其中一项赞助，是为一所中学的贫困生交付中学期间的全部费用。但是，在坚持了一段时间后，他产生了一个想法：想让更多人能够投入到慈善事业中，更加关注慈善事业。于是，他就想以他资助的中学贫困生为例，拍摄一段视频，传到网络中，借助网络的传播力，让更多的人看到和关注。

那天，他兴致勃勃地约见了中学校长，满腔热情地向校长陈述着自己的这个想法。可是，出乎陈珏意料的是，校长不仅没有赞同，还斩钉截铁地拒绝了他。陈珏见校长拒绝，觉得学校是个不知感恩的学校，一气之下，也没询问拒绝的理由，便撤出了此项慈善项目。

一晃过了好多年，在一个偶然的场合，陈珏与这所中学的校长重逢了。看见校长，多年前没有询问校长拒绝理由的遗憾重上陈珏心头。他忍不住走向校长，问道："校长先生，上次见面后，我们一直没有见面。这么多年来，我一直都为您拒绝我的请求而疑惑不解。这次我们重新相遇，我想问问您为什么会拒绝我的请求呢？"

"陈先生，我只是在维护学校里孩子的尊严而已。你想想，谁愿意将自己贫穷的事实昭告天下呢？"校长看着陈珏，无奈地摇摇头说。

"啊？怎么会这样。既然是这样，那您当初拒绝我的时候怎么不告诉我呢？您就应该像拒绝我的时候一样，毫不犹豫地告诉我理由。这样，我也不会这么多年都不向那些贫困的孩子伸出援助之手呀！"陈珏感到十分自责，也很沮丧。

校长看了看陈珏，说："可是陈先生，您当时那么生气，还不等我解释，就拿起包气急败坏地离开了办公室，我哪有时间向您解释呢？"陈珏很后悔，从那之后，他重新投入了这个慈善项目，为无数贫困孩子解决了上学难的问题。

在我们看来，如果陈珏和校长能再多沟通沟通，哪怕再多说上一句，也就不会让这场误会发生，也就不会让这项慈善事业中断了。正是因为陈珏当时心情很糟糕，认为自己是对的，校长的拒绝便是对自己的决定和权威的不敬，所以他控制不住自己的情绪，破门而出，造成了遗憾的结局。相反，如果他能控制一下自己的情绪，也就不会出现这个结局了。

安心是一名初中语文老师，也是初二一个班级的班主任。她常常因为学生的调皮捣蛋而感到心烦。不过，尽管这些调皮鬼让她操碎了心，但她从没有放弃对这些学生的管理，她知道与他们沟通，需要更多的耐心和宽容，所以每次孩子们捣蛋，她都会耐心地向他们讲道理，让他们知道自己错了。

在班里，最让她操心的是个叫鹏程的男孩，他是班内捣蛋鬼中的小头头，也是"犯事"最多的。安心与他沟通已经不是一次两次了，但即便次数不少，可效果并不明显，不过安心没打算放弃，她相信总有一天鹏程会悔改。

不过，其他各科的老师却已经对他的缺席、上课睡觉、看漫画书等习以为常了，也不会刻意去批评他，基本放弃了他。

其实鹏程骨子里也不是个坏坯子，他最终还是"浪子回头"了。那是有一年的愚人节，因为再次调皮惹事，他终于发现自己

做错了。

那天，他约了几个平日里一起捣蛋的"小弟"，早早地来到学校。到教室后，他们开始忙活起来。接了满满一盆水，放在教室门框上，等着下一个推门进来的人。此外，他还拿来强力胶，在老师的座椅上狠狠挤了一大条，再用纸均匀涂抹。一切就绪后，他们便偷乐着回到座位上，摆出一副若无其事的样子。

没过多久，他们耳边想起了清脆的笑声——有人来了。"哈哈，哈哈，你说的……啊！"随着一声尖叫，一盆水从天而降，像瀑布一样倾倒在一个女生身上，那盆翻了一下又倒扣在女生头上。

"哈哈哈哈！"鹏程和他的小伙伴们发出巨大的嘲笑声，而女生则哭着跑出了教室。这些恰好都被安心看到，她生气地把鹏程和其他人叫出来。安心质问鹏程为什么要这样捉弄同学，鹏程扬起不服输的脸，说："就是好玩。"

安心很生气地说："看到同学被淋湿了你会很开心？那个同学哪里惹到你了吗？"

"谁让她倒霉呢！刚好被她碰上。"

"你怎么不知道错呢？你这样捉弄同学，心里就真的感到很快乐吗？"鹏程一言不发。

"鹏程，老师知道你平日里很爱玩。课间揪揪前面女生的头发，在上课时睡觉、吵闹，让课程无法正常进行。这些在我看来是正常的现象，因为你现在很贪玩，所以老师总会多找你聊天，希望能让你明白一些你不明白的道理，让你不要去做损人不利己的事情。"安心深吸了一口气，来平复心中的愤怒。"这次老师不想惩罚你，只是想知道你为什么要这么做，捉弄同学对你有什么好处吗？你看到那个女生哭得很伤心的样子了吗？"

鹏程仍旧一言不发，高昂的头渐渐低下。看着鹏程有悔改的意思，安心继续说："鹏程，换个角度，如果现在你是那个被捉弄、被泼水的女生，你会做何感想，你难道不会伤心、难过、气愤吗？"

过了好久，沉默终于远离了鹏程，他抬起头，含着泪水的双眼望着安心说："老师，我知道错了，对不起。"安心摸着他的头说："快去向那个女生道歉，求得对方的原谅，以后要做好自己，不要再那么调皮了。"鹏程点点头。此后，没人再看到鹏程调皮了，后来的他，变成了一个懂事又好学的学生。

在大多数情况下，沟通是为了解决事端，而不是制造事端。如果每个人都能耐心地听完对方的话，耐心地一次又一次不懈地去沟通，那么什么样的难题不能解决呢？

拿捏恰当的分寸

在我们的身边，总会出现让人讨厌的大嘴巴，什么事情在心里都藏不住，更管不住自己的嘴，也从没想过在合适的场合说合适的话，或说话需要有分寸。

在沟通中，分寸是最难把握的，其在沟通过程中也是最重要的。打个比方，有两个学画画的学生，一天，他们各拿了一幅自己最引以为自豪的画去找老师评判谁画得最好，那么这个老师该如何评定这两幅画呢？

如果老师说第一个学生的画要比第二个学生的好，那很自然，第一个学生心里会畅快得意，第二个学生则愤懑不平，反之亦然。

不难看出，老师的一句话就能决定两个人的心情和反应。于是，此时老师如何评价就显得异常关键，这也正需要说话分寸的

拿捏。许多人会因为分寸拿捏不好而失去了一段友情，或是让即将到手的生意黄了，抑或会造成亲人间无休止的争吵。所以，说话是否有分寸，将会在很大程度上决定我们与人沟通是否有效。

与不同身份的对象沟通，就需要有不同的说话分寸的拿捏。如果你面对的是长辈，那么你就不能带着傲慢无礼的态度去和他沟通，这会显得没有教养；如果你面对的是朋友，那么你就不需要那么拘束谨慎，但也不要逾越朋友的底线；如果你面对的是初次见面的陌生人，那么你要显得大方有礼，这会让人觉得自己得到了尊重。

小雪是一名中学老师，她在与学生沟通的过程中很注意分寸的把握，这也换来了学生对她的信任。在她的班级中，有一个叫小材的学生，是个聪明伶俐的孩子，思维敏捷，只是有些坏习惯。

小材常常会在老师上课时随意地大声讲话，扰乱课堂秩序，延误教学进程；还会在上课时公开打鼾睡觉，严重影响周围同学的学习；更会在安静的自习课上发出怪声音，影响其他同学自习……对于小材这些恼人的表现，每一次小雪老师都没有当众点名批评他，而是在事后找他聊天。

一见老师要找自己聊天，小材立刻慌了，他以为老师要找他兴师问罪，于是胆战心惊地来到老师办公室。但是，出乎他意料的是，老师并没有批评他，而是在谈论各个阶段教育的差别，还很关心地询问他是否适应这样的学习方式，甚至表扬了他。

小材瞪大了双眼，满脸疑惑地盯着小雪老师。小雪老师看着他，笑了笑说："小材，你是个聪明伶俐的孩子，可不要辜负老师的期望，不要让那聪明的大脑罢工哦！"

听了小雪老师的话，小材更加糊涂了，他迟迟不离开办公室，就是为了确认老师是否讲完了。但小雪老师却不再说什么，小材胆怯地问："老师，你就是为了跟我说这些才叫我来的吗？你不是为了要批评我才让我来的吗？"

小雪老师无奈地笑了笑说："难道老师找学生聊天就一定要批评吗？"

小材脸一红，但还是带着疑惑离开了。虽然小材在这次沟通中并没有流露什么，但是从整个过程来看，小雪老师隐隐感觉到小材在害怕什么。

一周后，小材的妈妈来到了学校，找到小雪老师。一见面，小材的妈妈忍不住开口了："老师，我是小材的妈妈，在最近一段时间里，小材在学校是不是调皮捣蛋了？"

小雪老师很疑惑，忙回答："没有，但是像这个年龄段的孩子淘气也是很正常的事情，不用担心。对了，小材妈妈，你问这个做什么？"

小材妈妈终于出了一口气，如释重负地说："没惹事就好，没惹事就好。这不，以前小材的老师总是说他在课堂上调皮捣蛋，影响了课堂纪律。现在，我是怕他给您惹麻烦。您别担心，要是他真惹了麻烦，我回去一定好好管教他。"

这时，小雪老师才明白小材害怕的是什么，于是她微笑着告诉小材妈妈："您别担心，现在小材在学校表现得可好了，进步

很大，希望您回去后能多给他一些鼓励，让他继续保持。"

小材妈妈乐呵呵地向小雪老师道谢，然后回去了。第二天，小材便来找小雪老师："老师，您昨天跟我妈说什么？我妈妈昨天不仅没有批评我，还表扬了我！而且她整晚上都乐呵呵的，不知道为什么。"

"这是个秘密。昨天的你是不是很高兴呀？那你是不是应该继续努力呢？要好好把自己身上的坏毛病改掉，我想，你妈妈应该会更加开心的！"就这样，小雪老师引导小材走向了正确的道路。

显然，掌握尺度的沟通，是无须太费力就可达到预想效果的。而在不同的场合，也需要把握好分寸。

当你需要托人办事的时候，这种请求也得有分寸。托人办事，就是有求于人，所以面对的不论是与自己不相识的陌生人，还是自己最亲近的人，不能带着生硬、强迫甚至霸道的语气，务必将事情说得流畅，说得清楚，说得全面。否则，不仅得不到别人的帮助，反而会影响两人之间的情谊。

当别人有求于你的时候，也要应答得有分寸。别人的请求，既是为你创造一个良好的人际交往的时机，又是在锻炼你的沟通能力。对于别人的请求，不可不管三七二十一地照单全收，我们要判断对方要求的是什么事。若是正确的事，我们自当义不容辞；但若是错误之事，我们就得委婉地拒绝他的请求。这是对自己负责，也是对别人负责。

当要催促别人时，也要催问得有分寸。催问时不能急躁，不能发火，要沉得住气，语气平和、客气，若是能将问题解决，受些委屈又何妨呢？

当你和别人开玩笑时，玩笑定要开得有分寸。开玩笑本就是为了缓和尴尬气氛，放松心情，若一不小心伤到对方的心，让对方难堪了，就变成沟通时的灾难了。开玩笑时要注意玩笑的限度，不能不顾忌对方的尊严和想法，若玩笑开大了，不仅沟通受阻，两人之间还很容易产生隔膜。

说话分寸的拿捏，是说话技巧中的一门艺术，把握不好，将会成为沟通中的障碍和人际关系中的隔阂。所以，在日常沟通中，需要我们多花些时间和精力去揣摩最恰当的说话方式，使沟通更加顺畅。

多一点倾听

有这样一个故事，发人深省。故事是这样的：在很久以前，有一个小国家的使者来到一个大国，向这个大国的国王进贡了三个一模一样的小金人。看到小金人的国王开心得不得了，重重奖赏了这个使者。但是，使者不要求重赏，他对国王说："亲爱的国王，这三个小金人是我们小国国王专门差遣我送到您手上的。听闻贵国人才济济，我们有个难题想要请教一下贵国的贤能之士，想必贵国必能为我们解答。"

国王一听，见使者在夸奖自己国家的能人，心里很高兴，连忙对使者说："你快讲。"

使者不慌不忙地指着小金人问："请问国王，这三个小金人哪个最有价值呢？"

国王听了，满是疑惑，这三个小金人一模一样，价值不都是

一样的嘛，怎么还有区别呢？难不成有些金人里面是空心的，在偷工减料？

为了不让自己在使者面前难堪，国王特地安排了使者住宿，请他在国内好好游玩几天，几天内必定能够为他解答难题。使者应允了，便退离了朝堂。

在使者离开后，国王立刻叫来珠宝匠鉴定检查，查看金人内部是否有什么问题。可珠宝匠的回答却让国王大失所望，称金人的重量，每个都是一样重；看做工，每个都是一样的做工。这下国王苦恼了，他想了许多办法，都无法解答。怎么办呢？如果解答不了，那岂不是在小国面前丢失了大国的威严？

正在他焦急万分的时候，一位老臣站出来，声称自己有办法。隔天，国王将使者重新请到朝堂上，跟使者说已经解答了这个问题。使者挑了挑眉头，让国王给出答案。

国王看向老臣。只见老臣胸有成竹地从衣服中拿出了三根稻草，随后拿起第一个小金人，将一根稻草插入金人的耳朵里，就看到稻草从金人的另一只耳朵里出来了。他又拿起第二个小金人，将第二根稻草从金人的耳朵里插进去，看到的却是稻草从金人的嘴巴里掉出来。同样地，他拿起第三个小金人，将第三根稻草从金人的耳朵里插进去。这回，稻草没有从任何地方冒出来，却从金人的耳朵直接掉进了肚子里。

老臣放下金人，对国王和使者说："第三个金人最有价值。"

使者一看，微微一笑，对老臣赞叹不已，并说答案完全正确。

从这个故事中，我们便能知道，会说的人并不一定最具有价值，而那些懂得倾听、善于倾听的人，才是最易获得成功的。

人与人之间的沟通是需要双方都参与进来的。在沟通过程中，每个人都是个体，都在扮演着说话者和倾听者的角色。尤其是倾听，一个善于倾听的人，在某种程度上说，是远胜于只会说话的人。

一年一次的同学会又开始了，每次的聚会都很热闹，很久没有见到的老同学，即便身处再远的地方也会赶来参加。这时，就会看到聚会上大家热烈地谈论着。有些人围成一圈，在讲最近发生的八卦新闻；有些人聚成一团，在抱怨最近生活的种种不如意；有些人会特自豪地在众人面前夸耀自己所取得的成功。尽管说话的人唾沫横飞，满脸通红，渴望与对方分享自己的故事，但看一看倾听者，不停地用"嗯""是""哦"回应着，似乎在集中精力地倾听，可眼神游移不定，时不时玩玩自己的手机，抠抠自己的指甲。这样的倾听，犹如是第一个小金人，话从左耳进去，便很快地从右耳出来了。

有没有遇到过这样的人？当他向你打听一些秘密的时候，信誓旦旦地保证不会说出去，可第二天，这个秘密便成了公开的秘密。导致这种结果的，显而易见是昨天向你打听这个消息并保证不传出去的人。

这些人爱听八卦新闻，对小道消息也是情有独钟。如某个女生最近在大教室上课时穿反了衣服，浑然不知地来到教室上课，还没人提醒她。就这样，她在穿错了衣服的糗状下上完了一个上

午的课，在校园里来来回回溜达了好几圈，最后自己发现了，不好意思地捂着红彤彤的脸颊跑回了宿舍。

又如某个三好学生为了所谓的兄弟情谊，替宿舍的室友去代考，最后还取得了不错的成绩，让老师都为这个学生的突然进步感到讶异。

总之，所有能在茶余饭后谈论的话题，他们都会凑上去听听，然后在跟人聊天的时候就一股脑儿地全都说出来——藏不住事儿，藏不住秘密，是这些人最大的特点。这样的倾听犹如第二个小金人，听到的话全都从嘴里漏出来了，怎么也拦不住。

真正的倾听，是会让说话的人感到舒适的。也许，很多人都想要一个死党，那是因为死党彼此间不仅仅能相互理解，更多的是懂得倾听彼此心中的真正想法。

李玲就有这样一个闺蜜。她很喜欢跟自己的闺蜜在一起聊天，因为跟她聊天，李玲的烦恼会从心中痛快地倾诉出来，整个的交流过程显得既舒服又愉悦。通常，她们会在一个安静的地方，互相倾诉。

李玲在一点点往外诉说心里话的时候，闺蜜总能在一旁安静地听着，眼神一直没有离开她，也从不会在她说话的时候打断她。等她说完了，闺蜜才会把自己的感受告诉她，并给她一些建议。显然，这类倾听者就是那个最有价值的小金人，她们会将听到的话在心中细细琢磨，不会当作耳旁风，更不会随意告诉别人。这才是真正懂得倾听的人。

在沟通的过程中，若是想说服别人，那么在此之前你必须先倾听他们内心的想法。

美国国家保险业著名的推销员费德曼先生的成功史，或许能给我们一些启发。在一次采访中，一名记者问他："费德曼先生，您能告诉我去年一年卖了多少保险吗？"

费德曼先生友好、平静地回答了记者提出的这个问题："当然可以告诉你，去年一年，大概突破了6500万美元吧。"

尽管这个数字在费德曼心中不算什么大数目，可在记者听来，那就是一个天文数字："哇，真够吓人的。费德曼先生，您知道吗？我有个朋友也是从事保险业务的，他的业绩一般是在百万美元，而您却是他的65倍呀！这里面有什么秘诀吗？怎么会有这么大的差别呢？"

费德曼沉默一阵后，重新开口了："对于我的业绩，我也思考过，为什么我的业绩会比别人的高？在我看来，所有做推销员的能力都不相上下，如果说有差别的话，就应该是在与客户洽谈时候的差别。"

"哦？"

"我不仅是客户雇佣的员工，还是他们最忠实的听众。顾客的任何问题和烦恼都可以向我倾诉，我想，这就是差别吧。"

同样，在历史上成为优秀推销员的成功人士中，每一个都是顾客的忠实听众。只有倾听到顾客心中的真实想法，才能站在顾客的角度，推荐顾客心中的产品，完成一笔笔交易。

倾听，说难不难，说简单却也不简单。试想一下，当你与他人沟通时，对方在高谈阔论自己的理想、目标、未来十年的计划之际，你却丝毫不感兴趣，那么你还会安静地听他说完所有的"鸿鹄之志"而不表现出一点不耐烦的神情或举动吗？再想一下，当你与好朋友沟通的时候，好朋友不停地在埋怨身边的所有事物，埋怨世界的不公，你还会平和地听完他所有的抱怨而不产生一点鄙夷之情吗？如果你最嫉妒的人成为你的上司，当他对你批评指责的时候，你还会强忍着自己的嫉妒心，听完他所有的不公正批评且虚心接受，而对他没有"小人得志"的愤慨吗？所以，倾听常常会受到客观或主观因素的干扰，使你的倾听不能顺利进行。

学会倾听，是让沟通升级到一个更高层面的最佳方式。只有学会如何去倾听，才能懂得他人话中的真实含义，才能体会到人与人之间最真挚的情感交流，才能让别人更信任你、欣赏你、被你吸引，也会让沟通变得更顺畅，让成功更容易实现。

多一些回应

　　沟通中的倾听，并不代表要紧闭着嘴巴不说一句话，安静地坐在那里只听他人说。如果这就是倾听的话，那么谁都能够轻而易举地做到了，这又怎么能被称为一门艺术呢？

　　在沟通的过程中，双方都是诉说者，也都是倾听者。倾听是需要双方都加入沟通的行列中，多一些回应、多一些反馈。例如，在恰当的时候提出一些问题，这样才会让沟通显得有意义，也更能让双方间的情感不断地深入，从而建立深厚、稳固的友谊。

　　美国有一位激励专家罗勃，曾在美国中西部的一所大学里主办了一场有关"聆听"的研究讨论会。在这场讨论会上，罗勃让学生们通过表演来表现在沟通过程中积极有效倾听的重要性。

　　罗勃的讨论会上有一名资深教授的演讲，在演讲过程中，底下坐着的30名学生自顾自地讲话，或者眼睛盯着窗外看、趴在桌

上呼呼大睡，还有一些甚至在走廊随意地走动。显然，对于教授说的一切，下面的人都没听到，即便听到，也表现得无所谓或不耐烦。

得到这样反馈的教授生气极了，他结结巴巴地说："你……你……你们在做……做……做什么！"好不容易等到讨论会中途的休息时间，罗勃请教授出去休息一会儿，等到开始时再请他回来继续演讲。

就在教授休息的时候，罗勃又让学生们再演练一遍刚才的恶劣聆听态度。就这样，当教授再次回到会议室时，所有学生都以热烈的掌声欢迎教授的到来，但当他一开口说话，刚刚凌乱散漫的场景再次出现了。这位得不到尊重的教授感到十分难过，他用发疯的语气冲着台下的学生喊道："你们在干什么呢？把注意力都集中在我这边，听到没有！你们安静！给我安静！我现在有话要说，很重要的话。看着我，都看着我！给我点反应，不要自顾自地，给我点儿反馈，听我说！"

末了，教授几乎崩溃了，不停地冲着台下的学生喊道："求求你们了，听我说一句，就一句。"

罗勃专家的这个"恶毒"的实验，证明了聆听对于沟通发挥的重大作用。若在沟通中说话的一方总是得不到对方的些许回应，那么沟通就成了一种折磨。

往往人们总会在意自己的想法，沟通时不高兴便不说话，高兴便随意回应两句，若是觉得无聊，就拿出手机玩玩或是抠抠手指甲、动动脚，看看窗外的风景，从没想过说话的人会因为倾听者的敷衍态度而感到难过，甚至发狂。

往往，人们也总是会觉得说比听要重要，说更能够体现及肯定一个人的价值。因此，当人们沟通的时候，也会不自觉地将自己作为中心而忽略了倾听的人，千篇一律地讲述一些枯燥无味的事情，让倾听者产生不耐烦的心理，继而产生一系列的沟通问题。

有许多人都在抱怨，抱怨自己的沟通能力不强，总是和别人说不上两句话就会让气氛凝结，接着就再也没有话题了，也因此结交不到新朋友。若是问问这些抱怨的人，有没有在他们与人沟通的时候仔细地聆听对方的话，并时不时地做出一些反应，或许很多人都会摇摇头，辩解说："第一次见面的朋友，哪好意思不断地插话呢？那显得多没礼貌啊，而且我也不知道对方的喜好呀！"沟通时的倾听回应，并不是刻意打断别人的阐述，而是在相互交换意见时，给予一定的回应，如对某事的看法。或是在沟通的过程中，看着对方的眼睛，点点头，或身体向前倾，给对方一个信号，告诉他你说的话题我很感兴趣，这样一来，他们也会让你加入进来了。

那么，如何才能成为一个懂得倾听、善于倾听的人呢？

第一，你必须愿意去听。俗话说得好，"强扭的瓜不甜"，强迫自己去倾听不愿意听的事情，自然容易思想游离。这就好像老师占用了周末休息的时间，安排学生到校上课。这时，在课堂上的你肯定会觉得不开心，明明是休息的时间，怎么能强行征用呢？课上的你，在45分钟内，思想可能都处于游离状态，注意力不能集中，老师讲的都堵在耳外了。想要成为一个懂得倾听的

人，首先要做到愿意去倾听。

第二，多一点反应，让对方知道你对他讲的话题很感兴趣。如果你今天遇上了一件天大的好事，很想找个人说说，这时你的朋友出现在你的面前，那你就会忍不住把今天的事情一股脑儿地告诉他。可是，当你说得眉飞色舞、唾沫横飞的时候，你却发现你的朋友一言不发地看着你，耷拉着脑袋，没有丝毫反馈，只是在默默地听你说。或许，你所有的热情将会瞬间被朋友的木讷给浇灭，最后冷冷地甩下一句："好了，不说了，说完了，再见！"只有给对方反馈，他才能知道你的态度和想法，否则只会是一桶凉水浇灭说话者的热情。

沟通时向对方做出一些回应，可以检验一下你的感觉和理解是否正确，也等于是给予对方一个纠正失误与误解的机会。

上课时，数学老师正在向我们讲解三角函数的关系。三角函数之间的运算关系复杂，而且相近，较难记忆。在讲解例题的时候，数学老师误将余弦的二倍角公式写成了正弦的二倍角公式，导致算术结果与教科书答案不符。下面的同学开始嘀嘀咕咕地讨论老师写的是否有错误。在看了几遍推导后，马上有同学站起来向老师指出公式的错误。老师不好意思地向同学们道歉，也夸奖了勇敢提出质疑的同学。显然，正是这位同学认真聆听，才会有其后的反馈，让老师的错误得到纠正。

人与人之间的沟通，倾听很重要；在有效的倾听中，反馈很重要。相互沟通需要彼此间的理解和投入，才能使得万事达成一致，继而使得沟通更加顺畅。

不要想象理解不了的话语

有一本书，作者是这么理解人与人之间对沟通内容的理解的。他说，一个人在组织好语言与人沟通时，实际用词汇表达出来的只有心中所想的80%，但对于聆听者，只能从中听到最多60%的内容；假若聆听者听到了60%的沟通内容，那么对于内容的理解真正正确的也只占40%；最后等到执行的时候，执行的内容更少，只占20%。沟通内容一层一层地漏掉，好似漏斗一般，因此，作者称其为"沟通的漏斗"。

在沟通过程中，人们总是出于种种原因很容易误解对方所说的话。沟通不仅需要说话人讲得妥当，听者也要有智慧，不要轻易误解说话人的话，以致造成不必要的麻烦。

那么，是什么原因让听者对说者的话产生误解呢？

首先，听者对说者所讲述的内容不理解。方言是造成听者对

说者所讲述的内容不理解的一个原因。

随着普通话的普及，现在的人基本上都是用普通话进行日常交流。但是，对于老人而言，方言才是他们一辈子的语言。当家中的孩子回到姥姥姥爷家或是爷爷奶奶家，沟通便成了一个大问题。

很多人或许能大致听懂长辈们某些话的含义，但具体的细节确实是糊里糊涂的。这便会闹出各种各样的笑话来。

还有人说起话来会带着浓厚的腔调，如东北腔、福建腔等，时常是同一个意思却被误以为是另一种意思，或是一个意思因为发音不准，从而造成了许多误解。就好似外国人学了中文后去一家商店买杯子，发音不准，念成了"被子"，最后费了九牛二虎之力，才靠肢体语言的辅助终于买到了想要的东西。

专业性的名词也很让人苦恼。对于普通老百姓而言，若没有学过某个专业的知识，自然难以理解那个专业的专业性名词，自然就会闹出笑话并出现问题。

医院是个常常能让人对专业名词发晕的地方。有一个人身体不太舒服，而且晚上总是睡不好，觉得头昏脑涨的，于是便去医院做了个检查。检查结果很快就出来了，医生告诉他，他得的是睡眠性高血压。

"睡眠性高血压？这是什么病？"病人在心里嘀咕着，"是高血压的一种吗？与睡眠又有什么关系？不会很容易在睡觉的时候就不省人事了吧？"病人越想越慌张，急忙抓住医生的手，请求医生救救他。

医生宽慰了病人，然后向病人解释了这个专业名词代表的含义，并消除了病人对这一名词的恐惧。

可见，对于不懂又陌生的名词，我们总是会往消极的方面想结果，最终只会让自己的心情变得急躁。

第二，听者不专注。很多人在沟通、交流时，常常会被外界发生的新奇事情吸引，总是眼神游离、东张西望、心不在焉的。如参加某个宣传会，演讲的人在台上夸夸其谈，而你却对宣传会的内容完全不感兴趣，时不时地拿出手机聊聊微信，看看微博，自然也就没听进只言片语。

或是某个朋友约你出来谈谈心、唠唠家常，而你却正好为一些生活琐事烦恼，整个聊天过程中，脑子里都在想着如何解决这些琐事，那么朋友的家常话自然是入不了你的耳朵里的。

还有一些人，注意力会不自觉地被某件事情吸引，最后使得沟通的所有内容再也提不起兴趣。就如课堂上的恶作剧，捣蛋鬼的一声尖叫，让全班所有人的注意力都集中在这件事情上，即使老师强制要求重新回到课堂，可这次的捣蛋早已"深入人心"，让同学们不自觉地还会发出几声讪笑。显然，有趣的事情总能更多、更容易地吸引人的注意力。因此，作为说者的你，若能把自己的话说得非常有趣，听者就专注了。

第三，听的人要有选择性地听取沟通内容。某本书上曾描述了这样一个病情："病人的听觉有些问题，但并不是完全听不见，而是有的时候听得见，有的时候却听不见，能听见和不能听见的时间，完全不受控制。"这就是选择性中耳炎。

　　如今，这些有选择地听取沟通内容的人，似乎也患上了选择性中耳炎，能够自由地选择听入耳中的话语。

　　胖妹是宿舍里的开心果，从来也没见她有难过的时候。对此，有些人觉得很神奇，便去问她，是什么让她那么开心、无忧无虑。胖妹只说了一句话："顺其自然，挑着爱听的话听，能不开心吗？"正是因为她有选择地听取某些话，所以当有人恶语相对的时候，她就选择过滤掉这些话，都当是耳旁风。

　　不过，这样做可能会让人觉得"很不礼貌"，毕竟别人的话说上几次，最终再被你来一句"你说什么"，显然这不太适合。但是，在面对有些人专门挑一些伤人的话来说的情况时，选择拒听就是合理又适合的。

　　当然，对语句断章取义，不仅是对句子的错误理解，还会造成一定的麻烦和困扰。所以，不要切割完整的句子。

　　想与人更好地沟通，就要理解对方所说的话，合理地选择自己所需要的内容，最后还要听得仔细认真，这样沟通就会变成一件令人愉快的事了。

不要害羞，不明白就去问问

沟通过程中，我们难免会对听到的内容有些不明白的地方，就好像听不懂对方说的话，对很多专业性名词的不理解，说话的人声音太小，根本听不清楚。但是，很少人在听不明白的时候，会选择主动向说话的人问明白。

许多学生为了能在老师面前留下聪明、领悟力强的好印象，不愿意将自己不懂的地方暴露出来，当遇到问题时要么逃避，不了了之，要么找老师答疑，但答疑完一遍后，绝对不会再说"我不懂"的话。可往往许多学生的问题不会因一次讲解而真正得到解决，更多的是需要一遍又一遍地讲解。

有一位老师在回忆几十年的教学生涯时，讲述了这样一件事，那是他在一所知名大学做老师的时候发生的。那时，有一个研究生很好学，常常跑来问他相关专业的问题，他也都耐心地解

答了。

一天，这个研究生又来询问了，老师一如既往地把答案讲解给他听。然后老师便问了一个从来都不会问的问题，他问："刚才我说的你听懂了吗？"学生抬起头看了看老师，点了点头："嗯，都听懂了。"老师听了学生的话，便想检验一下他是否真的听懂了，于是重新出了一道类似的题目给学生做。结果，学生看了半天题目，又纠结了半天，支支吾吾地承认做不出来。

老师对他笑了笑，和蔼地说："其实，你并没有听懂我刚才讲的。"于是，这个老师耐心地又给学生讲述了一遍，讲完以后，又问学生："这回你听懂了吗？"学生使劲儿地点点头，拍着胸脯说："嗯嗯，这次我真的听懂了。"于是，老师重复了一次之前的做法，又找了一个类似的题目让他独立完成，可结果还是一样，他依旧不会做。

老师并没有生气，只是平静地对学生说："我第二遍讲解后，你还是没有听懂。"此时，老师还是没有不耐烦，而是继续讲解这个问题。讲完后，他再次问学生："你听懂了吗？"这时，学生满含泪水地对着老师说："老师，这次我是真的懂了。大学四年以来，一直到现在的研究生，每每我读到这个部分，都不理解，今天，是你让我真正读懂了，谢谢你。"

可见，老师这次的讲解才算是一次真正有意义的讲解，因为他让这个研究生在四年时间里都没弄明白的东西，此刻弄明白了。当然，这并不是老师讲解得好，而是学生的表现让老师了解到他并不懂，若他直言懂了，又拒绝在老师面前"演习"，那么这个问题会永远纠结于此。

不明白却不好意思询问，或是不懂装懂，往往都会让问题一直存在下去，得不到解决。

小薇是班里的班长。一天，班主任打来电话，由于学校安排新的办公室，就需要把原来办公室的东西搬到新的办公室去，所以想让小薇将班里的男生组织起来，第二天帮他搬东西。小薇一口答应了。

她是个细心的女孩，她询问班主任什么时间去比较合适。班主任想了想，说下午吧，早上办公室可能没人。但在小薇听来，那边的声音很嘈杂，带着很大的汽车鸣笛声，让人听不清楚具体的话语。于是，为了谨慎起见，小薇重复地问了一下时间，但还是听不清楚。

在小薇心里，老师可不同于父母、同学那般，可以三番两次地重复一句问话，所以她就凭着自己听到的话，结合着平日里的实际情况，大致推断了班主任要求的时间。她知道，班主任找同学都是在上午，因为那样会有更多的时间可以跟同学聊天。这次，小薇也理所当然地认为与班主任约好的时间是上午。于是，她在班级的群里群发了消息，要求同学们在第二天上午10点在班主任办公室集合，帮助班主任搬办公室。就这样，她按照自己的猜想，发送了消息。

第二天，大家准时来到办公室门口，却发现办公室的大门紧闭。等了很长时间，敲了许久的门，也无人应答。大家都在质疑小薇是不是把时间搞错了。看着等得不耐烦的同学，小薇也很

着急，她也在怀疑自己猜错了时间。于是，她给班主任打了个电话。电话中，班主任很奇怪小薇他们怎么已经等候在办公室门口了，因为约定的时间是在下午。而小薇呢？通完电话后才知道，是自己在不清楚时间后自行地猜想才导致了今天一早的白忙活。

因此，在沟通时，不要为自己听不明白的地方而感到不好意思，也不要为自己多问了对方两句就觉得会惹人厌，更不要凭着自己的感觉去猜想别人的话。很多时候，多问个为什么，多问个原因，或许能为你减少很多麻烦。

小钱为了能找到一份适合自己的工作，便向各大招聘网站投发自己的简历。有一天，一家公司的招聘主管给他打来电话。

"你好，请问是钱某某吗？"

"是的，请问你是？"

"你好，我是×××公司的招聘主管。因为前段时间你向我们投递了简历，觉得你符合我们公司入职人员的要求，所以现在我们想跟你约定面试时间。"

"哦，是呀，我投过。"

"请问你……"

就这样，在电话里，招聘主管跟小钱约定了面试时间。可是，在挂了电话后，小钱突然对自己说了一句："这个公司叫什么名字？我投递的是什么岗位？"

原来，由于招聘主管的语速比较快，小钱根本听不清楚他所说的公司名字，只知道自己投递了这么多份简历，能打来电话，那肯定是自己投递过的公司，索性不管三七二十一就应下了。

　　但去面试必须有所准备，不仅需要对公司的大致情况有些了解，更重要的是清楚自己投递了什么岗位。可是，连公司的名称都不知道，又如何知道岗位呢？为此，小钱很苦恼，他赶紧打开电脑，在各大招聘网站上登录自己的账号，将自己投递过的招聘信息一条条仔细地看过，还是没有发现有类似的公司。他又急又气，急的是时间正在一点点过去，气的是自己怎么不问问清楚对方呢？

　　突然，他看到了对方的电话号码，"能不能通过电话查询到这家公司呢？"小钱心里想着。于是，他在网站上输入了这家公司的电话号码，终于找到了这家公司的名字，这才松了一口气。

　　生活中，谁都会有不明白的时候，若是在沟通中忽略了这些不明白的地方，或许你会遗漏掉一个很重要的信息，更会因此在做事情时走弯路，耗费大把时间和精力，甚至会弄巧成拙，坏了大事。但是，这些坏的结果，只需要沟通时多一份细心，去多问一句后便可以完全避免。因而，不要害羞，不要感到不好意思，遇到不明白的地方，就去问个明白。